50부터
뻗어가는 사람
시들어가는 사람

50부터
뻗어가는 사람
시들어가는 사람

마쓰오 가즈야 지음   김정환 옮김

CHANGE
MY LIFE

센시오

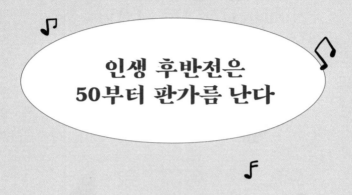

'정신없이 살다 보니 벌써 오십이네.'

아마도 이 책을 손에 든 당신은 '이상적인 50대 이후'의 인생을 기대하는 동시에, 서서히 발소리를 죽이며 다가오는 위기에 막연한 불안감을 느낄 것이다.

50대는 인생에서 가장 큰 분수령이라고 할 수 있는 시기다. 직장에서는 정년에 대비해야 한다. 급여가 줄기도 하고 때로는 동료를 상사로 맞이하는 불상사를 겪기도 한다. '다 그만두고 다른 일을 해볼까?' 하는 충동적인 생각이 들기도 한다. 회사를 그저 월급만 받으면 그만인 곳으로 생각하는 사람은 견뎌낼 수 있지만 삶의 보람, 일하는 보람을 추구하는 사람에게 50대는 그야말로 수난의 시기다.

그뿐인가. 온갖 마음과 노력을 기울여 키워낸 자식들은 어느덧 성인이 되어 하나둘 부모 곁을 떠나간다. 그리고 한편으로는 노부모를 간병하거나 떠나보낼 시기가 다가온다.

50부터는 체력적으로 '꺾임'을 몸소 느낀다. 체력이 점점 떨어지고, 몸 쓰는 것이 예전 같지 않아 자존감도 하락한다. 거기에 경제적인 불안감이 더해져 인간관계에서도 피로감을 느끼기 시작한다.

이러한 급격한 변화에 그저 흘러가는 대로 몸을 맡기고 있다간 거센 물살에 조난당할지도 모른다.

50대에 새로운 가능성과 희망이 담긴 선택지를 손에 넣기 위해서는 변화가 필요하다. 이는 당신의 내부에 '일어설 힘'이 있느냐 하는 이야기이기도 하다. 그 힘을 가진 사람은 인생의 앞 시간 동안 누적된 응어리와 고민들을 털어내고 인생의 뒤 시간을 새롭게 만들어간다.

나는 스물여섯 살의 나이에 처음 교육 사업을 시작하고서 이후 30년 가까이 '사람을 성장시키는 일'에 힘써왔다. 사실 다른 사람을 육성하기에는 나 자신부터가 매우 미숙한 인간이지만, 꾸준히 노력한 결과 '인재 육성의 전문가'로 불리게 되었다. 지금껏 800명이 넘는 강사진 네트워크를 구축했고 이들과 함께 강연회와 연수를 진행했다.

그렇게 수많은 사람을 만나고 다양한 현장을 접하면서 느낀 것이 있다. 50대 즈음이면 시들어버리는 사람과 계속 뻗어가는 사람 사이에 분명한 차이가 생긴다는 사실이다.

이 책에서는 50대부터 뻗어가는 사람과 시들어버리는 사람의 차이를 극명히 나누어 소개한다. 내가 '뻗어가는 사람'의 특징으로 든 것은 '성공', '돈', '명예'가 아닌 '좋은 인간관계', '건강', '마음의 평안함'이라는 세 가지 포인트의 실현이다. 시들어가던 사람이 이 세 가지 선물을 손에 넣음으로써 완전히 달라진 삶을 맞이한 사례도 수없이 목격했다.

50 이후에 온전하고 희망에 찬 삶을 지켜내기 위한 힘은 무엇일까? 그 힘을 어디서 찾아야 하며 어떻게 키울 수 있을까? 인생을 바라보는 사고방식과 감정, 말, 행동을 어떻게 정비해야 할까? 그 과정을 멋지게 치러내어 훌륭히 열매를 맺은 사람들의 이야기를 하고자 한다.

흔히들 '꺾이는 나이'라 말하지만, 50대는 지금까지 키워온 과실을 손에 넣을 수 있는 인생의 가장 유쾌한 황금기다. 인생의 수확기를 기쁘게 맞이하기 위한 준비를 함께 해보자.

차례

〰〰〰〰〰〰〰〰〰〰〰〰〰〰〰〰〰〰〰〰

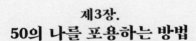

제6장.
50부터는 체력이거든!

제7장.
50은 인생 후반전 근육을 만드는 최적기

제1장.

50이 되면
새롭게 보이는 것들

CHANGE
MY LIFE

일상에 쫓기던 50,
인생을 마주하다

뻗어가는 50	시들어가는 50
자신이 인생의 단계 어디쯤에 있는지 되돌아본다	변화되는 인생의 기어에 적응하지 못한다

그 연령대가 아니면 보이지 않는 풍경이 있다.

다섯 살 아이는 네온사인이 휘황찬란한 밤거리를 봐도 별 감흥을 느끼지 못한다. 엄마의 뒷자락만 쫄쫄 따라다닐 뿐이다.

20세에는 인생을 즐기는 것이 큰 관심사이기에 다양

한 놀 거리와 또래 친구들을 찾는다.

　30에는 인생의 반려자를 만나 가족을 꾸리는 일에 집중한다.

　40에는 나와 같은 세대의 사람들이 어떻게 일하는지, 어떻게 사는지가 자꾸 신경 쓰인다.

　그리고 50세가 되면 사회의 풍경에 초점을 맞출 수 있게 되면서 다양한 실상이 눈에 들어오기 시작한다.

　50 즈음에는 비로소 뚜렷하게 보이기 시작한 세상과 인생의 구조에 새삼 놀라게 된다. 깨달음을 얻었다기보다 '생활'에 쫓겨 하루하루를 사는 가운데 '인생'의 본질을 간신히 알아차리게 된 것에 가깝다.

　50세의 또 한 가지 특징은, 좋든 싫든 습관의 기어가 변환되기 시작했음을 깨닫는다는 것이다.

　'딱히 많이 먹는 것도 아닌데 자꾸 살이 찐다.'
　'소화가 안 되고 속이 늘 더부룩하다.'
　'2차, 3차까지 이어지는 술자리를 버틸 수 없다.'
　'흰머리가 늘어나고 머리카락이 가늘어진다.'

'출근이 점점 힘겨워진다.'
'이제는 도저히 밤을 새울 수가 없다.'

포기하는 것이 많아지는 한편으로 얻는 것도 생긴다.

'일에 대한 경험이나 즐거움'
'마음의 평온함'
'가족과 친구의 고마움'
'음식이나 경치의 깊은 맛'
'살아가는 의미'

그런 가운데 '나'라는 존재가 생명력 있게 뻗어가는지, 아니면 시들어가는지 명확해지는 연령이 50세다.
지금 자신이 인생의 어떤 단계에 있는지, 50세를 계기로 냉정하게 되돌아보는 것이 중요하다.

온전히 누려야,
기꺼이 헤어질 수 있다

뻗어가는 50	시들어가는 50
온전히 누리고, **어른답게 이별한다**	**잃어버린 뒤에** **깨닫는다**

　50년 넘게 세상을 살면서 우리 삶에 흐르는 여러 가지 법칙성을 깨닫는다. 그중 하나가 '반복과 변화'의 원칙이다. 그러니까, 매일 당연하다는 듯이 반복되던 일상에 어떤 시기를 기점으로 변화가 발생하고 순식간에 끝이 나는 현상을 말한다.

일본 영화의 거장 오즈 야스지로(小津安二郎) 감독은 이 '반복과 변화'를 종종 작품의 주제로 삼았다. 〈도쿄 이야기(東京物語)〉도 그런 경우인데, 항구 도시 오노미치에 사는 연로한 부모님이 도쿄에 사는 자식들을 오랜만에 찾아가는 모습을 그리고 있다.

영화 속에는 평생 건강할 줄만 알았던 어머니가 상경을 계기로 건강이 나빠지고 귀향 후 얼마 못 가 세상을 떠나는 장면이 나온다. 가족에게는 늘 당연한 존재였던 어머니가 어느 날을 기점으로 두 번 다시 만날 수 없는 사람이 될 수 있음을 영화는 말해준다.

50대는 이런 '반복과 변화'의 감수성이 발달하는 나이다.

이 세상에 존재하는, 형태가 있는 모든 것은 결국 부서지고 사라질 운명이다. 언젠가는 마지막이 찾아오게 되어 있다.

그것이 온전한 형태로 우리 곁을 지킬 때 후회 없이 누려야 한다. 만약 변화가 나타나기 시작한다면 곧 저물고 끝맺는 과정이 이어질 것을 예감하고 마땅한 이별의

채비를 해야 한다. 그래야만 실제로 끝을 맞닥뜨렸을 때 지나치게 섭섭해하거나 억울해하지 않고 어른답게 헤어질 수 있다.

그 대상은 사람일 수도, 물건일 수도, 일상일 수도, 나 자신일 수도 있다.

부디, 반복과 변화 속에 나타나는 작은 차이를 느낄 수 있는 감성과 통찰력을 갖추기를 바란다.

'지금, 이곳, 나'를 즐겨라

뻗어가는 50	시들어가는 50
평범한 하루를 만끽한다	행복은 지평선 너머에 있다고 믿는다

　어느 휴일에 가족들과 함께 나들이를 갔을 때였다. 호숫가의 멋진 레스토랑에서 야외로 열려 있는 테라스에 자리를 잡았다. 아내와 딸, 애견과 맛있는 점심을 먹으며 이야기를 나누는 동안에도 머릿속은 좀처럼 쉬지를 못했다.

'돌아갈 때 길이 많이 막히면 어쩌지?', '다음 주에 결산서를 정리해야 하는데……' 하는 생각들이 자꾸 휴식을 방해했다. 아무리 생각해봐도 사랑하는 가족과 아름다운 자연에 둘러싸여 있는 지금이야말로 가장 행복한 상황인데, 왜 다른 일에 정신이 팔렸던 걸까?

'지금, 이곳, 나'를 즐기지 못한다는 것은 정말로 한심한 일이다.

이것은 전형적인 파랑새 증후군으로, 눈앞의 예쁜 민들레를 즐기지 못하고 멀리 떨어진 화원의 꽃이 언제 활짝 피는지에만 신경을 쓰는 상태다.

"행복이란 매일의 일상을 평범하게 보내는 것."

내 소중한 친구가 보내준 메시지다.

'지금, 이곳, 나'를 충족하는 상태가 곧 눈앞의 민들레다. 그런 의미에서 매일매일 마주하는 일상은 내가 소중히 가꿔야 할 민들레가 된다.

아침에 눈을 떠서 가족과 인사를 나누고, 얼굴을 씻은 다음 출근해서 무사히 일을 마친 뒤, 집으로 돌아가

시원한 맥주를 마시며 뉴스를 본다. 뉴스가 끝나면 책을 읽고, 다시 잠자리에 든다.

특별한 사건이 일어나지 않은 일상을 평범하게 보낼 수 있다는 것은 행복이다. 그 사실을 새삼 실감할 수 있는 것도 50대의 특권이리라.

별일 없는 하루, 선명하고 작은 내 앞의 민들레 한 송이보다 더 아름다운 것은 없다.

**'지금, 이곳, 나'를 충족하는
내 앞의 민들레 꽃송이들을 떠올려보라.**

좀처럼 의욕이
솟지 않는 날에는

뻗어가는 50	시들어가는 50
지나가는 계절을 즐긴다	**계절의 변화를 잊는다**

'모티베이션^{motivation}'이라는 단어는 오늘날을 살아가는 우리에게 매우 중요한 키워드다.

삶의 동기는 무엇인지, 마음의 모터를 어떻게 가동할 것인지 끊임없이 고민하지 않으면 뒤처지는 시대가 되었다.

끝없이 동력을 끌어내어 속도를 높여야 한다고 외치는 세상 한 켠에서, 나는 청개구리처럼 자연의 리듬에 따라 살아가던 옛날을 생각한다. '그 시절이라면 딱히 고민하지 않아도 천명대로 살 수 있지 않았을까?' 하는 뜬금없는 생각도 곁들여본다.

살다 보면 좀처럼 의욕이 솟지 않는 날이 있다. 슬픈 일, 후회되는 일들로 그저 멈춰 서버리고 싶은 순간도 숱하다. 그럴 때 바람 소리, 빛의 세기, 식물의 향기 같은 계절의 변화와 자연의 움직임은 순간순간 뜻밖의 위로를 준다.

세월의 부침과 계절의 변화를 함께 느끼며 새로운 희망을 찾는 것 또한 인생의 묘미가 아닐까.

아버지의 장례식을 마친 다음 날 아침을 기억한다. 집을 나서며 '이제 아버지는 이 세상에 안 계시는구나'라는 쓸쓸함에 젖어 길을 걷는데 한겨울의 시릴 정도로 푸른 하늘과 앙상해진 나무들이 눈에 들어왔다. 그 하늘과 나뭇가지를 올려다보는데 '벚꽃이 피는 따뜻한 봄이 조만

간 찾아오겠지…….' 하는 생각이 마음속에 작은 희망을
불러다 주었다.

　조금은 덜 쓸쓸해지고, 더 따뜻해진 채 역으로 향했던
기억이 선명하게 남아 있다.

　내가 좋아하는 어느 서예가는 다음과 같은 시를 썼다.

　봄은 온화하기에 날마다 기쁨이 있고
　여름은 눈부시기에 날마다 즐거움이 있고
　가을은 향기롭기에 날마다 감동이 있고
　겨울은 하늘을 올려다보는 날마다에 행복이 있네
　따뜻한 태양이 마음을 녹이고
　환히 빛나는 달은 미래를 비추네

　시조와 그림으로 사계절을 노래했던 옛 선조들처럼,
때로는 속도를 잠시 늦추고 변화하는 자연 속에서 길을
찾아보자. 과거와 미래로 연결된 실타래는 잊어도 좋다.
'일일일생', 즉 오늘 하루 속에 일생이 있다는 마음으로
하루에 집중해보자.

오늘은 당신에게 어떤 날인가, 오늘의 하늘은 당신에게 어떤 이야기를 들려주는가.

두 번 다시 만날 수 없는 이 순간을 살아보자.

일단은 내일
좋은 아침부터

뻗어가는 50	시들어가는 50
내일을 충실히 준비한다	먼 계획에 연연한다

"먼 곳은 내다보지 말고 내일만 바라보라."

가부키 배우 반도 타마사부로가 한 말이다. 오랫동안 기예를 갈고닦으며 중요한 역할을 멋지게 해낸 그이기에 던질 수 있는 주옥같은 메시지다. 그는 언제나 내일의 무대를 위해 최선을 다했으리라.

일을 하다 보면 중기 계획, 장기 전망에 대해 요청을 받고 답해야 할 때가 많다. 그때의 중압감은 만만치 않다. 그렇지만 중장기 계획을 세우는 데만 몰두하고, 그 계획의 성취에 따라 안도하거나 조급해하는 태도는 위험하다.

먼 곳까지 걸어가야 하는데 나중의 일을 걱정하고 있으면 앞으로 나아갈 수 없다. **내 경험에 따르자면, 오히려 먼 미래를 걱정하지 않는 사람이 더 오래가는 경우가 많았다.**

일단은 내일을 맞을 준비에 열중하는 것이 먼저다. 열심히 준비한 후 기분 좋은 아침을 맞이하자.

이 단순한 루틴을 반복하는 것이 중요하다. 내일이 제대로 준비되어 있으면 행동에 여유가 생겨난다. 이런 여유로운 리듬이 자율신경을 바로잡아 줘서, 자신도 모르는 사이에 멀리까지 걸어갈 수 있는 체질로 바뀌어간다.

앞날이 어떻게 될지는 알 수 없다. 일단 내일은 좋은 하루로 만들자!

이렇게 생각하면 마음에 여유가 생기고 효율도 오를

것이다. 50대의 우리에게는 아직도 맞이할 '내일'이 수없이 많다. 그 내일들에 충실할 때 먼 날들 또한 올바른 형태로 자연스레 자리 잡을 것이다.

‘좋은 내일'을 만들기 위해
오늘 할 수 있는 일들을 적어보기.

_____

_____

_____

_____

_____

_____

_____

_____

_____

_____

_____

_____

_____

_____

_____

_____

_____

_____

_____

_____

"좋은 공연 보러 가실래요?"
당신의 대답은?

뻗어가는 50	시들어가는 50
좋은 권유를 들으면 흔쾌히 승낙한다	"그날은 일이 있어서⋯⋯"를 달고 산다

　　50대의 많은 이들이 여러 가지 역할을 동시에 맡아 바쁘게 살아간다. 내 지인들 중에도 일정표에 빈틈이 없을 정도라고 말하는 경우가 많다.

　　사회가 자신을 필요로 한다는 사실은 자기 효능감을 크게 높여준다. 나도 마찬가지여서 강연이나 연수 의뢰가 들어오면 뇌 속에 쾌감 호르몬이 분비되는 것을 느낀다. 다만 50대라면 일정표에 30퍼센트 정도의 여백은 필요하다. 숨 쉴 틈 없는 일정표가 자신의 능력을 말해주는 것이라 생각한다면 뭔가 착각하고 있는 것이다.

50대 이후 뻗어가는 사람은 늘 여유가 있다.

"다음 주에 괜찮은 음악회가 있는데 함께 가실래요?" 하는 권유를 받았을 때 흔쾌히 승낙하곤 한다. 매번 "죄송합니다. 그날은 일이 있어서……"를 반복한다면 좋은 기회를 권유받는 일도 점점 사라질 것이다. 만약 평소 정말 가고 싶던 음악회라면 그만큼 안타까운 일도 없으리라.

최악의 시나리오는 매일같이 정신없이 일정을 소화했는데 어느 순간부터 일거리, 할 거리가 갑자기 끊기는 것이다. 그런 경우를 예방하기 위해서라도 외부의 힘에 의존하여 쳇바퀴를 굴리는 일상을 스스로 통제해야 한다. 쉰이 넘은 나이에는 기계적인 아웃풋에 집중하지 말고, 인풋이 원활히 이루어지고 있는지를 늘 점검해야 한다.

지금 일정표를 확인해보라. 30퍼센트 정도를 비워둔다면 그 여백을 다음 씨앗을 뿌리기 위한 유익한 활동으로 채울 수 있다.

어차피 인생은
'거기서 거기'

뻗어가는 50	시들어가는 50
앞서 가려 서두르지 않는다	**성급하게 레이스를 포기한다**

쉰 즈음에는 남들보다 뒤처져 있다는 불안감에 종종 시달린다. '저 사람과 나의 평가는 왜 이렇게 차이가 날까?' 싶고 수입도, 사는 곳도 자꾸 비교하게 된다. 그 끝에 남는 것은 늘 씁쓸함뿐이다.

그런 생각에 사로잡힐 때는 미국의 신학자 라인홀트

니부어^{Reinhold Niebuhr}가 쓴 유명한 시 〈평온을 비는 기도 serenity prayer〉를 읊어보자.

주여, 우리에게 바꿀 수 없는 것을 받아들이는 평온함을,
바꿔야 할 것을 바꿀 수 있는 용기를,
그리고 이 둘을 분별할 수 있는 지혜를 주옵소서

그런데 우리 대부분은 거꾸로 행동하는 경향이 있다. **자신의 힘으로 얼마든 바꿀 수 있는데도 쉽게 포기하고, 바꿀 수 없는 사회 시스템이나 타인의 평가에 절망해 인생이라는 레이스에서 하차하려 한다.** 자신의 힘으로 바꿀 수 있는 것과 바꿀 수 없는 것을 구별할 줄 알아야 어른이 되었다 할 것이다.

재미있게도, 최종적인 종착지에 가까운 여든 정도의 나이가 되면 우리는 저마다 비슷한 모습이 된다. 학력이 대단하든, 대기업 임원이든, 비싼 집에 살든, 베스트셀러 저자든 겉으로 봐서는 그리 큰 차이가 나지 않는다.

내가 함께 일했던 저명한 강사들도 실례인 표현이지만 말년에는 다들 '거기서 거기'라는 인상을 받았다.

그러니 너무 앞서 가려 조급하게 생각하지 말자.

으스대지 말고, 나쁜 길로 들어서지도 말고,

한 걸음 한 걸음 착실히 앞으로 나아가자.

꾸준히 꾸준히
농땡이 피우기

뻗어가는 50	시들어가는 50
적극적인 농땡이로 충실한 하루를 보낸다	**농땡이 강박증을 이기지 못한다**

꽃을 피우고 열매를 맺는 비결은 무엇일까? 바로 '꾸준히'다.

꾸준히 꾸준히 글을 쓰자
꾸준히 꾸준히 걸어가자

꾸준히 꾸준히 파 내려가자

어느 유명한 시인의 글이다.

그런데 우리가 꾸준히 해야 할 것 중 하나가 바로 '농
땡이'가 아닐까 한다.

**특히 중년을 지난 시점에는 제대로 '농땡이'를 치는 것
이 인생의 중요한 요령이 된다.** 어려서부터 부모님이나
상사에게서 근면함과 성실함이 얼마나 중요한지를 귀가
닳도록 들었을 테지만, 그래서 혹시라도 시간을 허투루
사용하면 누가 혼이라도 내지 않을까 불안하겠지만 이
제는 그런 강박과 이별할 때다.

시간이 날 때 편히 눕거나, 낮잠을 자거나, 책을 읽거
나 커피를 마시면서 쉬는 것은 훌륭한 습관이다. 내 아
버지는 젊은 시절 내내 회사를 경영하느라 1년이면 365
일을 일하셨다. 그러다 회갑을 넘길 무렵에는 종종 소파
에 누워서 이렇게 웃으며 말씀하셨다.

"세상에 눕는 것만큼 편한 게 어디 있어? 바보나 서서
일하는 거지."

아버지를 닮은 나는 20대부터 시간이 빌 때마다 발마사지를 받거나 도서관에서 책을 읽으며 쉬는 습관을 들였다. 당시 일반적인 회사의 근무 수칙에 비추어보면 불성실한 직원이었을 테지만, 자영업자였기에 그런 '적극적인 농땡이'를 칠 수 있었다. **지금 돌아봐도 그것은 하루를 충실히 보내는 아주 좋은 방법이었다.**

지금도 나는 업무상 기업 연수를 할 때면 틈틈이 농땡이를 치려 한다. 연수원 주변을 '할 일 없이' 산책하는 것이 참 좋다. 어떤 연수원은 주변에 벚나무, 감나무, 단풍나무, 수국, 해바라기, 민들레 등이 가득해서 어느 계절에 찾아가든 감탄하게 된다. 덕분에 강의를 하러 가는 것인지 산책을 즐기러 가는 것인지 헷갈릴 지경이다.

50부터는 꾸준히 농땡이를 부려보자.
더 유쾌하고 더 행복해지는 농땡이의 방법을 알면 일도, 공부도 가뿐해진다.

제2장.

인생관을 바꿔야
50부터 뻗어간다

CHANGE
MY LIFE

생각의 틀이 바뀌면
온 세상이 바뀐다

뻗어가는 50	시들어가는 50
하루에도 몇 번씩 생각을 리프레이밍한다	**생각과 감정, 말, 행동을 통제하지 못한다**

나는 강연이나 연수의 마지막에 늘 '리프레이밍'에 관한 이야기를 한다. 리프레이밍이란 심리치료에 사용하는 훈련법의 하나로, 이름 그대로 프레임을 재설정한다는 의미다. 사물을 바라보는 시각이나 틀을 바꾸는 것이다.

본래 우리는 자신의 힘으로 생각, 감정, 말, 행동, 이 네 가지를 바꿀 수 있다. 어떤 사건을 겪으면 머릿속으로 생각이 진행되고, 이어서 솟아오르는 감정에 좌우되며, 입에서 말이 튀어나오고, 이에 동반되는 행동을 하게된다. 이때 그 사건에 다른 의미를 부여함으로써 생각과 감정을 정돈하고 매니지먼트하는 것이 리프레이밍이다.

흔히 말하기를, 사람이 나이가 들수록 편견이 생기고 완고해져서 고집쟁이가 되어간다고들 한다. 그러나 한편으로 생각하면 많은 것을 경험하고 많은 감정을 겪은 쉰 이후에는, 사고의 틀을 그만큼 더 유연하게 전환할 힘이 있는 것 아닐까 싶다.
사고의 틀을 바꿈으로써 우리는 세상의 풍경을 바꿀 수 있다.

얼마 전에 겪은 일이다. 유명한 절에 가서 '가족 모두 교통사고로부터 안전하기를' 특별히 기원하고 돌아오는 길이었다. 집에 돌아와 주차를 하는데 '드드득' 하는 소리에 놀라 차에서 내렸다. 살펴보니 평소 아무것도 없던 위치에 입간판이 세워져 있어서 차가 제법 길게 긁힌 상황이었다.

처음 든 생각은 이랬다.

'이게 뭐야! 절에서 오자마자 차가 긁히다니, 기도가 다 무슨 소용이람. 이런 간판은 도대체 누가 여기다 세워놓은 거야?'

점점 분노가 거세지는 걸 느끼다가 '이래선 안 되겠다.' 싶었다. 리프레이밍이 필요한 순간이었다.

'기도를 한 덕분에 이 정도 작은 사고로 끝난 건지도 몰라', '누가 나를 골탕이라도 먹이려고 간판을 놓았을 리는 없잖아. 애초에 주의하지 못한 내 잘못도 있어.'

그렇게 몇 차례 생각의 틀을 다듬은 후에는 "그래, 이 정도로 끝나서 다행이네, 다행이야"라고 소리 내어 말했다. 밤이 되어서 목욕물에 몸을 담글 무렵에는 낮의 사건을 깨끗이 잊어버릴 수 있었다.

이런 리프레이밍을 나는 하루에도 몇 번씩 반복한다. 똑같은 경험인데도, 생각의 각도를 어떻게 트느냐에 따라서 풍경이 완전히 다른 색으로 변하는 것을 경험하곤 한다.

내가 진심으로 존경하는 한 청년이 있다. 한때 미식축구 선수로 활동했던 그는 25세에 뇌종양이 발견되어 치료를 받았다. 힘든 치료 과정을 무사히 견디고 완치 판정까지 받았지만 27세 겨울에 뇌종양이 재발했다. 고통 속에 쓰러진 그는 혼자 힘으로 구급차를 불러 입원했고 불행히도 반신불수의 몸이 되고 말았다.

이런 상황에서도 그는 희망의 시각을 놓지 않았다.

"잃어버린 것보다 지금 있는 것을 더 소중히 여기자."

"나는 눈도 보이고 손도 움직일 수 있어."

이렇게 스스로를 격려했고 새롭게 해가 바뀔 때는 자신에게 말했다.

"극복할 수 없는 시련은 없어."

"올해를 내 인생에서 가장 빛나는 해로 만들자!"

안타깝게도 그해 3월, 청년은 가족들이 지켜보는 가운데 세상을 떠났다. 죽음까지 이겨내지는 못했지만, 평범한 사람이라면 절망에 짓눌렸을 상황에서 그는 삶을 마지막 시간까지 희망으로 채웠다.

한 청년이 바꾼 놀라운 풍경을 떠올리면 경외감이 느껴진다.

사람들은 저마다 자기가 만든 마음의 틀대로 인생을 살게 된다. 기억할 한 가지는, 모든 생각과 감정, 말, 행동은 우리 스스로 결정할 수 있다는 사실이다. **50대의 당신이 무엇을 생각하고 느끼며, 어떻게 말하고 행동하는지는 온전히 당신의 책임이다.**

당신의 에너지 충전소는
어디인가?

뻗어가는 50	시들어가는 50
에너지 키퍼에게서 에너지를 충전한다	**마음을 제대로 충전하지 못한다**

　나이를 먹으면 점점 회식이나 세미나에 참석하는 것
도 귀찮아진다. 적지 않은 참가비도 아깝다는 생각이 들
어 되도록 빠질 핑계를 찾는다.

　하지만 우리는 에너지 덩어리라는 것을 기억하라. 소
모한 에너지를 충전하는 가장 좋은 방법은 좋은 사람들

을 만나는 것이다. 어떤 모임이든, 긍정적이고 건강한 에너지를 발산하는 사람이 한두 명쯤 있게 마련이다. 그저 요란하게 분위기를 주도하는 사람을 이야기하는 것이 아니다. 따듯하고 편안한 분위기를 만들어내는, 그러면서도 활기 있는 사람들이 있다. 그런 '에너지 키퍼'에게서 휴대폰을 충전하듯 보이지 않는 에너지를 나눠 받자.

내게도 만나면 에너지가 가득 충전되는 친구가 있다. 항상 명랑하고 긍정적이어서 좋은 영향을 받는다. 다양한 아이디어를 나누고 재미있는 이야기를 듣고 나면 돌아와서도 활력이 생긴다.

물론 이런 친구도 고민이 있고 우울할 때도 있다. 이 친구가 고민을 어떻게 해결하는지, 자신의 감정을 어떻게 받아들이고 처리하는지 지켜보자면 도리어 용기를 얻게 되니 참으로 신기한 일이다.

사람뿐 아니라 클래식 연주회나 뮤지컬, 연극과 공연 등에서도 에너지를 얻을 수 있다. **활력의 근원을 발견했다면 망설이지 말고 다가가서 충전하자.** 나는 여든 살의 패션 디자이너 고시노 히로코와 종종 만나 식사도 하고 노래방에 가곤 한다. 그의 입버릇인 "지금부터야!"라는 말을 들으면 덩달아 힘이 솟아난다.

에너지 덩어리인 우리는 파동을 교환하며 산다. 에너지가 고갈된 상태로 버티다가는 정신적으로나 육체적으로나 병들고 만다. 식물이 광합성을 하듯 나를 생기로 채워줄 빛을 찾아내자.

나의 에너지 충전소는 어디인지 생각해보자.
누구를 만날 때, 어디에 갈 때,
무엇을 할 때 나의 에너지는 채워지는가?

잠재의식이
꿈꾸게 하면

뻗어가는 50	시들어가는 50
잠재의식을 풀가동한다	**보이지 않는 '생각의 힘'을 무시한다**

    20대였을 때, 선사(禪師, 높은 도를 쌓은 승려를 일컫는 말-옮긴이) 무노 쇼겐과 만난 적이 있다. 기타를 연주하며 불교의 가르침을 전하는 것으로 유명한 인물인데, 그와 만난 것을 계기로 불교의 유심론을 배웠다. 이때 뇌리에 남은 것이 '아뢰야식(阿賴耶識)'이라는 개념이다.

쉽게 말해 사람의 잠재의식에 씨앗을 뿌려놓으면 어느 순간 그 씨앗이 자라 생각이 현실화된다는 것이다.

실제로 수많은 철학 및 심리학과 자기계발서에서 잠재의식의 힘에 대해 다루고 있으며, 장기간의 연구에서는 이를 우주의 법칙 중 하나로 설명하기도 한다.

수많은 이론에서 말하는 핵심은 '생각은 언젠가 현실이 된다'는 것이다.

얼마 전 중학교 시절의 은사님을 뵈었을 때였다. 아흔을 앞둔 은사님은 오래전의 기억을 떠올리며 이렇게 말씀하셨다.

"진로 상담을 할 때 네가 장래에 작가가 되고 싶다고 말했던 게 기억나는구나."

나도 까맣게 잊고 있던 이야기라 새삼 놀랐다.

아직 출판한 책은 몇 권 되지 않지만 실제로 나는 쉬지 않고 글을 쓰고 있다. 이메일 매거진을 포함해 글 쓰는 일이 일상이 되었다. 아내 말로는 휴일이 되면 인기 작가라도 된 것처럼 "원고 써야 해"라는 말을 달고 산다고 한다.

내가 꼭 이루고 싶었던 목표가 또 하나 있다. 대학 시절 도쿄의 아카사카미쓰케 역 교차로를 건너다가 언젠가 이곳에 꼭 내 회사를 세우고 싶다는 생각이 들었다. 불쑥 떠올랐지만 아주 강렬한 느낌이었기에, 그것을 목표로 삼아야겠다고 마음먹었다.

그로부터 약 35년이 흘렀다. 도쿄 아카사카미쓰케 역에 사무실을 차린 지도 벌써 20년이 지났다.

작가라는 꿈과 도쿄의 사무실. 나는 두 가지 모두 내 안의 아뢰야식이 가동된 결과라 믿는다. 물론 본래의 거창한 꿈에 조금 못 미치는 것은 사실이다. 꿈대로라면 풍족한 인세로 우아하게 살아가는 작가가 되어 있고, 도쿄의 사무실도 지금보다 더 크고 멋진 것이어야 할 테니 말이다. 이는 아무래도 아뢰야식에 더 구체적으로 씨앗을 뿌리지 못한 탓으로 돌려야 할 것 같다.

잠재의식이 성숙한 50대에 아뢰야식을 가동하지 않을 이유가 없다. 실현하고자 하는 이미지를 강하게 의식함으로써 마음에 새기는 것은 더없이 유익한 일이다. 다만 오랜 경험을 통해서 알게 된 사실은, 아무리 강하게 의식해도 아무 행동도 하지 않는다면 씨앗은 열매를 맺지 못한다는 것이다.

의식하고 행동하기를 반복하자. 생각과 행동의 변화는 나이가 몇 살이든 기적을 만들어낼 수 있다.

잠재의식에 새기고 싶은 이미지를 그려보자.
강렬히 실현하고픈 미래의 일은?

진짜 '나'를
만나고 싶거든

뻗어가는 50	시들어가는 50
진짜를 만나기 위한 투자를 계속한다	**배움에 더 이상 투자하지 않는다**

예전에 '부탄 투어'를 기획한 적이 있다. 불교 문화 커뮤니케이터인 마키노 소에이 씨를 만났을 때 직감적으로 '이 사람과 뭔가를 해야겠다'고 느낀 것이 계기였다. 그렇게 '이 사람과 함께 여행을 떠나자! 같이 일을 하자!'라는 단순한 생각에서 부탄 투어가 시작되었다. 프로

젝트의 구체적인 이름은 '마키노 소에이와 함께하는 행복의 나라, 부탄 투어'였다.

　문제는 부탄이라는 나라가 입국 제한이 있어서 반드시 현지 가이드를 동반해야 하기 때문에 투어 요금이 비쌀 수밖에 없다는 것이었다. 투어를 기획하면서도 얼마나 많은 사람들이 호응해줄까 반신반의했는데, 결과는 예상 밖이었다. 포천지가 '아시아의 최고 여성 경영자'로 선정한 마쓰나가 마리 등 쟁쟁한 인물들이 속속 참가를 표명해 즐거운 비명을 질러야 했다.

　이 일을 통해 느낀 것은 '나를 성장시켜 줄 진짜를 만나기 위해, 나에게 투자를 해야 한다'는 점이다. 건강, 교육, 전통문화, 역사, 인공지능 등 수많은 분야 중에 나만의 특별한 콘텐츠를 개발하기 위해 무엇을 택할 것인가? 그 심미안을 키우는 노력이 필요하다.

　내 경우 부탄 투어의 주인공 마키노 소에이의 철학이 어떤 영감을 준다는 사실을 분명히 느꼈다. 그 직감을 믿고서 이 사람의 사상을 반복해 공부했고 지식이 쌓이자 실행 능력이 덩달아 높아졌다.

진짜를 만나고 싶거든 스스로 찾아 나서야 한다.

인생에서 가장 의지할 수 있는 존재는 '훌륭하게 자리 잡은 나'다. 그런 나를 만나기 위해서는 꽃 피우고 열매 맺을 수 있는 토양을 먼저 가꿔야 한다.

당신이 할 수 있는 가장 유익한 투자는 바로 '자신에게 투자하는 것'임을 잊지 말라.

시원한 물 한 컵만큼의
즐거움

뻗어가는 50	시들어가는 50
나만을 위한 이벤트 목록이 있다	**작은 이벤트조차 없는 삶을 산다**

인간학을 30년 동안 탐구한 내게 누군가가 처세술을 한 가지만 가르쳐달라고 한다면 이렇게 답할 것이다.

"언제 어디서나 작은 희망을 찾아내는 능력을 키우십시오."

러시아의 대문호 도스토옙스키[Dostoevskii]는 사상범으로 체포되어 사형 판결을 받고 총살 직전까지 내몰렸다가 시베리아 유배로 감형을 받았다. 간신히 목숨을 건진 그는 옥중에서 이런 글을 남겼다.

"인간은 익숙해지는 생물이다."

절망의 구렁텅이에 빠졌어도 그곳에서 살아갈 에너지, 작은 희망을 손에 넣을 수 있다는 의미일 것이다.

그 가혹한 세계에 비할 바는 아니지만, **평화로운 일상을 사는 우리에게도 '작은 희망을 찾아내려는 궁리'는 필요하다.** 삶이 무겁고 지칠 때, 시들어가는 마음에 물을 뿌려줄 작은 이벤트를 찾아보자. 시베리아의 차디찬 감옥에 갇혔던 도스토옙스키를 떠올리노라면, 우리의 선택지는 그와 비교할 수 없을 만큼 폭넓다는 사실에 감사하게 될 것이다.

다음은 나의 개인적인 목록이다.

· 아늑한 동네 카페에 가서 커피 한잔을 마신다.
· 평이 좋은 식당에서 고등어구이 정식을 먹는다.
· 근처의 공원에서 초저녁 산책을 한다.

· 야구장이나 축구장에 가서 있는 힘껏 응원을 한다.
· 저렴한 술집에서 꼬치구이를 먹으며 기분 좋게 취한다.

우리 모두에게는, 시원한 물 한 컵만큼의 생기를 불러다줄 작은 이벤트가 저마다 있을 것이다. 그것들을 기억했다가 필요한 순간마다 나에게 선물해주자.

작은 변화를 수시로 만들어내다 보면 나라는 사람의 재생으로 이어진다. 작은 씨앗을 계속 뿌리는 사람이 언젠가 드넓은 밭을 소유하게 되는 법이다.

'주는 기쁨'이
더 오래간다

뻗어가는 50	시들어가는 50
보상을 기다리지 않는 '주는 기쁨'을 안다	'받는 기쁨'을 기다리며 허전해한다

기쁨의 종류는 다양하다.

우리가 태어나 가장 먼저 접하는 것은 '받는 기쁨'이
다. 아기가 태어나면 부모는 젖을 먹이고 기저귀를 갈아
주며 정성스레 목욕을 시켜준다. 하나부터 열까지 받기
만 하면서 사람은 성장한다. 물론 성장한 뒤에도 타인에

게서 받는 기쁨은 여전하다. 누군가가 수고스레 제공해 주는 것들로 우리의 부족한 곳을 채워나간다.

받는 기쁨에 익숙하던 아이는 이어서 '할 수 있다는 기쁨'에 눈 뜨게 된다. 일어설 수 있다, 걸을 수 있다, 말할 수 있다, 노래할 수 있다, 글씨를 쓸 수 있다, 계산할 수 있다. 그 기쁨들을 차례로 맛보며 세상을 배운다. 두발자전거를 타는 데 처음 성공했을 때의 감격, 멀리까지 헤엄칠 수 있게 되었을 때의 뿌듯함은 인생의 중요한 한 장면이 되기도 하다.

하지만 무엇보다도 큰 삶의 에너지가 되는 것은 바로 '주는 기쁨'이다. 누군가를 도와주고, 가르쳐주고, 즐겁게 해주고, 용서해줄 때의 기쁨은 중독처럼 강력해서 두고두고 여운을 남긴다.

이 세상은 수많은 '주는 기쁨'으로 넘쳐난다.

50의 나이는 온전히 주는 기쁨을 이미 오래도록 느껴왔을 시기다. 자녀가 다 크도록 뒷바라지하며 조건 없는 사랑을 무수히 주었을 것이고, 사회에서 맡은 역할을 다 하기 위해 수많은 사람들에게 열정과 도움을 나누어주었을 것이다.

그렇기에 갈수록 주는 기쁨에는 무덤덤해지고, 보상 심리가 발동해 받는 기쁨을 자꾸 기대하게 된다. '이제껏 그렇게 노력했는데 돌아오는 게 없다'는 허탈함에 빠질 수도 있다.

그럴 때 필요한 것이 주는 일의 순수한 기쁨을 되살리는 것이다. 자녀가 어렸을 때 엄마에게 써준 삐뚤빼뚤한 손 편지를 떠올려보라. **보상을 기다리지 않는 작은 기쁨을 다시 느껴보자.** 우리가 줄 수 있는 것은 의외로 많다. 시간이나 돈, 애정 외에도 어떤 이의 이야기를 그저 들어줄 수도 있고, 실수한 누군가에게 몇 번의 기회를 줄 수도 있다.

작은 한 가지라도 내가 어렵지 않게 줄 수 있는 무언가를 떠올려보자.

내가 줄 수 있는 작은 것들을
생각해보자.

깃들고, 흐르고,
쓰는 목숨

뻗어가는 50	시들어가는 50
삶의 단계를 인식한다	**무엇을 위해, 어떻게 사는지 생각하지 않는다**

'호스피탈리티 연구소'의 대표 다카노 오보루는 다음
과 같이 '목숨(命)의 5단계' 이론을 펼쳤다.

요약하여 말하자면, 사람의 목숨은 '숙명 → 운명 →
사명 → 천명 → 수명'의 단계를 밟으며 성장하고 소멸
해나간다는 것이다.

첫 번째는 숙명(宿命), '깃드는 명'이다.

어떤 시대에 태어나는가? 어떤 나라의, 어떤 부모 밑에서 태어나는가? 남자로 태어나는가 여자로 태어나는가? 어떤 몸을 가지고 태어나는가?

스스로 결정할 수 없는 이 모든 숙명을 받아들이는 것이 출발점이다.

둘째는 운명(運命), '흐르는 명'이다.

인간의 운명은 망망대해에 떠 있는 나뭇잎처럼 거대한 흐름을 타고 흘러가지만, 그저 흐름에 몸을 맡기지 말고 자신의 힘으로 만들어나가고자 노력할 필요가 있다. 타인에게 노를 맡기지 말고 자신의 힘으로 저어야 한다는 이야기다.

셋째는 사명(使命), '쓰는 명'이다.

무엇을 위해 이 목숨을 사용할 것인가? 사는 동안 다 해야 할 사명은 무엇인가?

목숨 걸고 해야 할 일을 진지하게 생각해야 한다.

넷째는 천명(天命), '부여받은 명'이다.

매일 최선을 다하여 살아가노라면 이윽고 하늘이 지켜보고 있으며, 그것이 천명이었음을 깨닫게 된다. 자신이 해온 일이 무의미한 것이 아니라 필연적인 것이었음을 이해하게 되는 것이 곧 천명이다.

마지막은 수명(壽命), '하늘이 정한 삶의 시간'이다.

숙명→운명→사명→천명에 따라 최선을 다해 살아온 사람은 하늘의 축복 속에 새로운 여행을 떠나게 된다.

목숨의 5단계를 그려보면 마음이 차분해지고 작은 일에 동요하지 않게 된다.

지금 당신은 삶의 어떤 단계를 걷고 있는가?

무엇을 위해 이 목숨을 사용할 것인지 수시로 자문해보길 바란다.

늦게 피는 꽃도
아름답다

뻗어가는 50	시들어가는 50
자신이 피울 꽃을 기대한다	**시들고 지는 것을 걱정한다**

30년 동안 교육 사업을 해오면서 매년 확신에 가까워지는 생각이 하나 있다.

'누구나 언젠가는 그 사람 나름의 꽃을 피운다.'

장미나 해바라기처럼 화려하고 돋보이는 사람들도 있고, 제비꽃이나 연꽃 같은 그윽함으로 마음을 사로잡는 사람도 있다. 때로는 가시나 독을 가진 꽃 같은 이들도 있는데, 이 또한 그 사람에게 필요한 개성이라고 생각한다.

꽃을 피우는 시기가 이르거나 혹은 느릴 수도 있고, 오랫동안 꽃을 활짝 피우는 사람이 있는가 하면 순식간에 피었다 지는 경우도 있다. **저마다 차이는 있을지언정 그 사람만의 꽃은 반드시 피어난다.**

우리 모두는 세상에 태어난 이상 꽃을 피우고 열매를 맺기 원한다. 아무것도 아닌 존재로 사라질까 초조하고 두렵기도 하다. 하지만 걱정하지 말자.

우리는 살아 있는 것 자체로 꽃을 피우고 열매 맺기 위한 생명 활동을 하고 있다.

내가 피운 꽃이 남들보다 초라할까 비교하지도, 꽃이 시들거나 지는 것을 두려워하지도 말자. 그저 나라는 유일무이한 꽃을 만난 감동과 감사를 기억하자.

'안티에이징'이 아닌 '웰컴에이징'의 마음으로 내가 피어난 자리를 보살피자.

기묘하고도 사랑스러운
어떤 상상

뻗어가는 50	시들어가는 50
'작지만 성대한 인생'을 사랑한다	인생이라는 기적을 사랑하지 못한다

형님처럼 따르는 분이 얼마 전 형수님을 떠나보냈다. 2년에 걸친 투병 생활 끝에 66세의 나이로 숨을 거뒀다고 한다. 눈을 감기 직전 형님이 형수님에게 "지금까지 살면서 뭐가 제일 기뻤어?"라고 묻자 "전부"라는 대답이 돌아왔다.

그때 형님은 태어나서 처음으로 눈물이 수도꼭지를 연 것처럼 쏟아질 수 있음을 알았다고 한다.

그 이야기를 들으면서 나도 같이 눈물을 흘렸다. 보잘 것없는 듯한 우리들 인생이지만 마지막 순간에 돌아보면 '전부'가 기적 같았음을 느끼게 되리라. 유명한 영화 제목처럼 '인생은 아름답다'.

기묘하지만 이런 상상을 해본다. 내가 영혼이 되어 지금 열심히 살고 있는 나 자신에게 말을 거는 것이다. 나라면 첫마디를 이렇게 꺼낼 것 같다.

"너는 나의 둘도 없는 존재야. 나한테는 너밖에 없어."

그리고 또 무슨 말을 해줄 수 있을까.

"우리에게는 수많은 추억이 있지.

다양한 곳에 가봤고, 많은 것을 함께 경험했어.

너는 잘 웃고, 또 잘 울었지.

정말 고마워. 고마워.

만약 다시 태어날 수 있다면 또다시 너를 만나고 싶어.

다시 한 번 함께 살아가자."

상상해보노라면 나 자신이 더없이 사랑스럽게 느껴진다.

우주의 한가운데에, 열심히 살아가는 내가 있다. 지금도 나는 하루하루 삶을 맛보며 주어진 시간을 걸어가고 있다. 그렇게 한 사람이 살아온 자취는 틀림없이 이 우주의 어딘가에 새겨져 있을 것이다.

모두가 '작지만 성대한 인생'을 살고 있는 것이다.

때때로 그 성대한 기적을 치하하는 시간을 가져보자.

내가 영혼이 된다면
지금의 나에게 어떤 말을 건넬 것인가?
나에게 해줄 이야기들을 적어보자.

제3장.

50의 나를
포용하는 방법

CHANGE
MY LIFE

그동안 숨 쉬느라
얼마나 고생하셨습니까

뻗어가는 50	시들어가는 50
내 안의 '돌아가고픈 본능'을 받아들인다	맞서고 버티는 데 힘을 쏟는다

어떤 세미나에서 '인간은 태어나는 순간 자궁으로 돌아가고픈 욕구를 느낀다'라는 이야기를 들었을 때, 속으로 무릎을 쳤다.

어머니의 자궁 속에서 양수에 감싸인 채 편안하게 지내던 아기는 어느 날 갑자기 좁은 산도로 빨려들어가 죽을 것 같은 고통을 통과해 이 세상에 내동댕이쳐진다. 그리고 익숙한 탯줄을 통해서가 아니라 스스로 폐호흡을 해야 하는 상황에 느닷없이 처한다. 청천벽력 같은 고난에 잇따라 맞닥뜨리는 셈이다. 이때 갓난아기의 의식은 당연히 그 따뜻하고 편안했던 자궁 속으로 돌아가고 싶다는 강한 욕구에 휩싸일 것이다.

　세상에 던져진 우리 모두에게도 그런 욕구가 내재돼 있는 것이 아닐까 하는 생각이 들었다.

　어느 대형 병원의 유명한 임상의에게 들은 이야기인데 위독한 상태에서 운 좋게 소생한, 죽음의 문턱까지 갔다가 살아 돌아온 사람들이 공통적으로 하는 말이 있다고 한다.

　이들의 70퍼센트 정도는 똑같은 경험을 한다. 서서히 의식이 멀어지는 가운데 눈앞에 꽃밭 같은 화사한 풍경이 펼쳐지고, 어느 순간 하나의 감정이 안에서부터 솟아난다.

　'아아, 드디어 돌아갈 수 있겠구나.'

고뇌로 가득 찬 세상을 살아가는 우리 모두에게는 귀소 본능이 있으리라는 생각을 해본다. 사실 우리는 먼 기억 속의 평화로운 마을로 돌아가고 싶어 하는 것이다.

그래서 쉰의 나이에는, 내 힘으로 온전히 숨 쉬며 살아오느라 힘겨웠을 지난 시간을 응원해주어야 한다. 동시에 내면의 귀소 본능을 마주하는 것이 필요한 자세가 아닐까 한다.

낯선 세상살이에 맞서고 넘어서고자 하는 마음을 때때로 내려놓을 때다.

감정은 헤엄치는 것이 아니라
발을 담그는 것

뻗어가는 50	시들어가는 50
감정을 인정하고, 발을 빼낸다	**몇 번이고 돌아가 헤엄친다**

무뚝뚝한 표정의 승객들 사이에 둘러싸인 출근길. 잠
깐 균형을 잃고 휘청거리는 바람에 본의 아니게 옆 사
람과 부딪혔다. 적의를 담은 짧지만 강렬한 시선에 무
안해진다.

회사에서는 회의 시간마다 숫자가, 성과가 부족하다

는 질책이 돌아온다.

집에 오면 가족의 일상적인 불만과 아이들의 학업 문제 등이 모두 내 탓인 것마냥 나를 기다리고 있다.

텔레비전 뉴스에 한참 나이 들어 보이는 중년 신사가 나와서 인터뷰를 하는데 아래쪽에 '53세'라는 자막이 뜬다. 나와 같은 나이라는 사실에 새삼 놀란다.

잠자리에 들기 전 인터넷 뉴스를 검색해본다. 정치인들과 공무원의 배임·횡령 사건이 눈에 들어온다. '피 같은 세금을 가지고 무슨 짓이야!' 하는 분노가 솟구친다.

이렇게 하루만 잘라내어 살펴보더라도 50대의 일상은 피곤하기 그지없다. '살아가는 것만으로도 벅차다'는 말이 딱 어울리는 것이 50대의 숨길 수 없는 상태다.

하루에도 몇 번씩 마음이 꺾일 때는 부담스럽거나 괴로운 상황으로부터 시야를 객관적으로 넓혀보자. 그러기 위해서는 먼저 그 상황에서 본인이 느끼는 감정을 그대로 인정할 필요가 있다. **그 감정에 한 발을 풍덩 담근 다음 시원하게 빼내는 것이다. 다시 돌아가 그 감정 속에서 헤엄치며 온 몸을 적시는 것은 현명치 못하다.**

50에 홍삼보다
더 필요한 것

뻗어가는 50	시들어가는 50
좌절감을 소화할 능력을 갖춘다	좌절에 아무런 대비가 되어 있지 않다

  사람을 두 부류로 나눈다면, 끝까지 더 성장하고 싶어
하는 '상승 지향파'와 그런 노력은 무의미하다고 생각하
는 '허무파'로 나눌 수 있을 것이다.

  두 유형 모두 나름의 고민을 안고 세상을 살아갈 테지
만 성공과 성장을 추구하는 사람일수록 이상과 현실의

커다란 괴리 앞에서 갈등에 빠지기 쉽다.

상승 욕구가 강한 사람들은 늘 초조해하고 괴로워한다. '지금의 나는 글러 먹었어', '조금도 성장하지 못하고 있잖아.' 하는 생각에 수시로 쫓기기 때문이다. 열심히 노력하는 사람일수록 원하는 성과를 얻지 못했을 때 '모든 것이 헛수고'라는 허탈함에 빠지는 경우가 많다. 그렇다고 '더 이상은 못하겠어', '이제 그만둘래'라는 말을 시원하게 내뱉지도 못한다. 혼자서만 속을 끓일 뿐이다. 미처 도달하지 못한 이상향을 그리면서 홀로 발버둥 치며 살아간다.

특히 엘리트였던 사람들이 나이 들어 능력이나 성과를 예전만큼 평가받지 못하는 시점에 부닥쳤을 때 큰 충격을 받는다.

남들보다 일찍 관리직에 오른 사람은 뒤늦게 관리직이 된 동료에게 추월당할 때 크게 낙담한다. 임원이나 경영자의 위치에 있던 이들은 자신이 더는 필요 없어졌음을 깨닫는 순간 절망감에 빠져든다.

그전까지 탄탄대로를 달려온 사람일수록 50대가 되

면 인생의 낭떠러지에 직면하게 되는 것이다.

그래서 50의 나이에 성공의 욕구만큼이나 필요한 것이 바로 '좌절 면역력'이다.

크고 작은 좌절감을 무사히 치르고 소화할 능력이 이 나이에는 필요하다. 정상을 향해 숨을 헉헉대며 내달렸던 길을 뒤로 하고, 보폭에 맞춰 속도를 늦추고 여유롭게 내려가는 순간을 즐길 줄 알아야 한다.

그럴 때 인생은 초라한 내리막길이 아니라 새로운 리듬과 풍경이 펼쳐지는 소풍길이 된다.

그 정도밖에 안 되는 나,
그 정도로 애써 살아온 나

뻗어가는 50	시들어가는 50
자신의 흑역사를 용서한다	**부끄러운 기억에 자괴감을 느낀다**

대부분의 사람들이 인생을 살면서 거짓말도 해보고, 누군가에게 상처를 주기도 하며, 치사한 행동도 해본 경험이 있을 것이다. 그중 어떤 경험들은 이후의 경험이나 관계에까지 영향을 미치곤 한다.

나이가 들어서는 때로 그런 부끄러운 기억들이 문득

떠올라 '나는 그 정도밖에 안 되는 사람'이라는 자괴감에 휩싸인다. 특히 성실하고 근면한 사람일수록 자신의 어두운 부분에 짓눌려 괴로워하곤 한다. 누구에게나 내보일 수 있는 밝고 건강한 부분뿐 아니라, 음침하고 편협한 부분까지도 자신의 일부라는 사실을 받아들이지 못하는 것이다.

그러나 흐르는 시냇물에도 맑은 곳과 탁한 곳이 함께 있게 마련이다. 선도 악도 인간의 한 측면이며, 그것이 인생이다. **포용과 용서는 타인에게만 발휘해야 할 덕목이 아니다. 자신의 어두운 부분도 용납하고 받아들일 수 있는 도량이 50대에게는 필요하다.**

나도 어떤 날에는 나의 지난 실수를 도무지 용서할 수 없을 것 같을 때가 있다. 그런 날이면 반가사유상을 떠올린다. 좋은 일도, 나쁜 일도, 슬픈 일도 전부 포용해주는 듯이 느껴지는 그 우아하고 아름다운 미소. 아수라장을 극복한 사람만이 소유할 수 있을 것 같은 자애로운 얼굴을 생각하면 애써 살아낸 내 지난날들에 위로가 깃든다.

자신을 용서하는 사람은 나아가 타인도 용서할 수 있다. 세상에는 평생 부모를 원망하는 사람, 상사나 동료를 미워하는 사람, 자신의 동반자를 끔찍이도 싫어하는 사람이 있다. 그러나 인생의 후반기를 개운한 마음으로 맞이하기 위한 열쇠는 바로 '용서'임을 명심해야 한다.

용서하고픈 지난날 나의 실수들,
어두운 모습들을 떠올려보자.
이곳에 적어보고, 용서하고, 내려놓자.

젊음은
스쳐 지났음을

뻗어가는 50	시들어가는 50
옷차림과 분위기, 표정으로 자신을 표현한다	**젊음에 집착한다**

사춘기에 접어든 이후로 모든 인간은 '매력적인 이성'
이 되고 싶다는 욕망을 끊임없이 추구한다. 나이가 들어
도 마찬가지다. 언제까지나 젊고 아름다운 외모를 유지
해서 사람들의 시선을 받고 싶다거나, 이성적인 설렘의
대상이 되고 싶다는 생각은 세월이 지나도 사라지지 않

는다.

그러나 안타깝게도 쉰 정도가 되면 외모에 반갑지 않은 변화가 찾아온다.

- 새치가 늘어나고 머리숱이 줄어든다.
- 날렵하던 얼굴선이 무너진다.
- 자세가 나빠지고 체형이 구부정하게 변한다.
- 움직임이 둔해진다.
- 성적(性的) 에너지가 떨어진다.

이는 모두 거스를 수 없는 자연의 섭리다. 나름대로 멋을 냈다고 생각하지만 예전의 맵시나 분위기는 찾아볼 수 없다. 멋진 포즈를 취해봐도 사진 속에는 세월의 흔적이 고스란히 찍혀 나온다.

이 '초로' 현상을 받아들이지 못하면 그야말로 비참한 기분을 맛보게 된다. 젊음에 집착하고 **나이 듦을 거부할 때 인생은 하루하루 서글프게만 느껴진다.**

탄력 넘치는 반짝반짝한 젊음은 이제 스쳐 지났음을 냉정히 인정하자. 대신 만나는 이들을 편안하고 기분 좋게 만드는 자연스러운 표정, 그 사람의 철학이 드러나는 옷차림과 스타일, 어떤 인생을 살아왔는지를 보여주는 나만의 분위기를 생각해볼 시기다.

마지막을 위한
시뮬레이션

뻗어가는 50	시들어가는 50
마지막 순간을 위해 최소한의 준비를 한다	**되도록 외면하려 한다**

50대 이후로는 예상치 못한 지인의 부고를 갑자기 접하는 경우가 생긴다. 그럴 때면 '지금껏 남 일이라고 생각했는데, 나도 언제 어떻게 될지 모르는구나.' 하는 생각이 들어 마음이 헛헛해진다.

물론 50대는 아직 현역이고 활기가 넘치는 나이지만,

최소한의 준비는 미리 해놓을 것을 권한다.

내 경우는 예금 중 일부를 인터넷 전문은행에 맡겨놓았기 때문에, 남은 가족이 곤란한 상황을 겪지 않도록 계좌번호와 비밀번호 등을 미리 공유하고 있다. 보험과 연금, 대여 금고 등의 정보도 지금까지는 내 편의에 맞춰서 관리해왔지만 슬슬 가족의 입장에서 생각하려고 한다.

다음으로, 만일의 상황이 벌어졌을 때 받기 원하는 의료의 종류를 명확히 결정한 뒤 가족과 친구들에게 전하는 것도 중요하다. 어떤 병원을 이용하고 싶은가? 어떤 치료를 어느 수준까지 받고 싶은가? 연명 치료는 어느 정도까지 원하는가?

누구나 가능하면 건강하게 오래 산 뒤, 밤에 곤히 자다가 자신도 모르게 편안한 죽음을 맞이하기를 바랄 것이다. 그러나 선배들이 병마와 싸우다가 세상을 떠나는 모습을 보노라면 현실적인 생각을 할 수밖에 없다.

묘지도 상당히 골치 아픈 문제다. 우리 집안의 묘지는 멀리 떨어진 두 곳에 각각 나뉘어 있다. 장래에 외동

딸에게 부담이 되지 않도록 가족 묘지를 단순화해야 한다는 숙제가 남아 있다. 지금은 장례 방식도 다양하므로 내 가치관에 맞는 방식을 미리 찾아놓는 것을 중요한 임무 중 하나로 마음에 두고 있다.

언젠가는 찾아올 생로병사의 과정을 더는 남의 일처럼 무시할 수 없다는 것이 50대의 서글픈 점이다. 그러나 피할 수 없다면 차라리 적극적인 마음으로 대비하는 편이 현명할 것이다.

나는 어떤 마지막을 맞이하고 싶은가?
가족의 입장에서 내가 떠난 후의 일들을 생각해보고,
구체적인 계획을 세워보자.

제4장.

뻗어가는 인간관계,
시드는 인간관계

CHANGE
MY LIFE

행복한 인생을 위해
필요한 한 가지

뻗어가는 50	시들어가는 50
무엇이 삶을 행복하게 만드는지 알고 있다	**관계부터 시든다**

유튜브에서 어떤 TED콘퍼런스(기술·오락·디자인 분야의 세계 최고 명사들이 참여하는 첨단기술 관련 강연회로, 미국의 비영리 재단인 TED가 주최함. '세계 지식인의 축제'로 불림-옮긴이) 영상을 보고 전율이 흐를 정도로 감동을 느꼈던 적이 있다.

"인생을 행복하게 만들어주는 것은 무엇인가?"에 관해 단순하지만 가장 중요한 사실을 그 강연은 말하고 있었다. 그리고 이렇게 묻는다.

평생에 걸쳐 우리를 건강하고 행복하게 만들어주는 것은 과연 무엇일까?
— 최고의 미래를 위해서 투자해야 할 것은?
— 자신의 시간과 에너지를 써야 할 대상은?
— 가장 중요한 인생의 목적은?

이 연구는 하버드대학교가 1938년부터 약 80년이라는 긴 시간에 걸쳐 724명의 남성을 추적 조사한 결과를 바탕으로 한다(하버드대학교 성인발달 연구). 제4대 소장인 로버트 월딩어^{Robert Waldinger} 교수에 따르면 "우리를 건강하고 행복하게 만들어주는 것은 첫째도, 둘째도 좋은 인간관계"라고 한다.

조금 맥 빠지는 결과라고 생각하는 사람도 있겠지만, 인재 육성과 관련된 일을 30년 동안 해온 나로서는 정확한 결론이라고 느꼈다. 연구 결과에 따르면, 특히 50

대에 좋은 인간관계를 쌓아놓으면 70대, 80대에 건강하고 행복한 삶을 실감할 확률이 상당히 높다고 한다.

로버트 월딩어 교수가 소개한 마크 트웨인^{Mark Twain}의 말도 매우 인상 깊었다.

"이렇게 짧은 인생을 살면서 싸우고, 사과하고, 마음에 상처를 입고, 책임을 추궁할 시간이 어디 있는가? 서로 사랑하기에도 모자란 시간이 아닌가? 비록 찰나와도 같은 인생이지만, 좋은 인간관계가 좋은 인생을 만든다."

계속 뻗어나가는 것도 시들어버리는 것도 그 사람의 '인간관계'에 달려 있다는 말이다.

창을 조금쯤 닫아도
좋을 나이

뻗어가는 50	시들어가는 50
인맥에 연연하지 않는다	**넓고 얕은 관계를 유지한다**

　나는 직업이 직업이다 보니 젊은 시절부터 '인맥의 달인'으로 불렸다. 그런데 50대가 되자 '인간관계는 양보다 질'이라는 사실을 통감하게 되었다.

　애초에 나는 '인맥'이라는 말을 그다지 좋아하지 않는다. 젊었을 때는 그저 새로운 사람을 만나기 위해서 이런저런 모임이나 파티에 참석했지만, 그중에는 무의미한 것들이 더 많았다.

손님의 숫자를 늘리는 것만이 목적인 사람, 명함 주고 받기에 열중하는 사람, 자기만족을 위해 만남을 이용하는 사람……. 그런 모임에 몇 번 다녀오면 명함첩을 새로 장만해야 할 만큼 명함이 잔뜩 쌓이곤 했다. 하지만 그 많은 사람들 가운데 지금까지 관계를 지속하는 이들은 손가락에 꼽힌다.

나이 쉰을 넘겨서도 만남의 양만 추구하는 것은 바람직하지 않다. 필요 이상의 만남도 낭비일 수 있기 때문이다. 50대부터는 밖으로 열린 창을 조금쯤 닫는 편이 더 균형이 맞는다.

어느 카피라이터는 이렇게 말했다.

'내게 정말로 중요한 것은 무엇일까?'
'내게 정말로 소중한 사람은 누구일까?'
이 두 가지만 진지하게 생각해보아도 더 좋은 인생을 살 수 있다.

시간은 한정되어 있기에 그 안에서 우리가 할 수 있는 일도 한정적이다. 그러니 정말 만나고 싶은 사람을 만나자. 그들과 정말 하고 싶은 일을 하자.

생각해보니,
언제나 네가 곁에 있었다

뻗어가는 50	시들어가는 50
가족과의 온도를 유지한다	**바람 잘 날 없는 나무 신세에 고달파한다**

혼자서 태어나고 혼자서 죽는데,
왜 혼자서 살 수는 없는 걸까

언젠가 읽었던 짧은 시구가 기억난다. 정말이지 우리
는 혼자서 이 세상에 찾아와 홀로 떠나는 존재다. 그러나 한편으로는 누군가와 연결되지 않고서는 살아가지 못하는 것이 사람이기도 하다.

어쩌면 50대는 인생에서 가장 큰 고독감을 견뎌내야 하는 시기인지도 모른다. 반려자와 결혼한 지 20년 이상이 흘러 어느덧 서로에게 '공기'와 같은 존재가 된다. 자녀들도 성장해 물리적으로 독립을 했거나 설령 같이 살더라도 정신적으로는 완전히 독립한 상태다. 예전처럼 붙어 앉아 친밀한 대화를 나누는 일은 거의 없어진다.

50대는 정정해 보이던 부모님의 건강에 적신호가 켜지는 시기이기도 하다. 여기가 아프다, 저기가 아프다 해서 함께 병원을 찾는 횟수가 늘어난다. 심각한 상태로 발전해 수술을 받고, 간병을 하고, 결국 떠나보내는 슬픈 흐름을 겪곤 한다.

내 경우는 이런 시련을 조금 일찍 겪어서, 30대 후반에 아버지를 간병하다 떠나보냈고 40대에 어머니를 복지시설에 보내드려야 했다. 실제로 많은 이들이 50의 나이에는 부모를 돌보는 일에 상당한 에너지를 빼앗기게 된다.

하루가 멀다고 다투는 반려자, 지지리도 말 안 듣는 자식들, 언제까지 간병 뒷바라지를 해야 할지 기약 없는 부모……

지금 당장은 짜증이 날지도 모르지만, 곁에 있어주는 것만으로도 고마운 존재였음을 깨닫게 되는 날은 반드시 찾아온다.

무엇을 먹어도 맛있었다
무엇을 봐도 즐거웠다
생각해보니, 내가 그렇게 느낄 때는 언제나 네가 곁에 있었다

사고로 두 팔을 잃은 시인이자 화가, 오노 가쓰히코가 한 말이다. 쉰이라는 나이에 가족이란 바로 이런 것이 아닐까 한다. **매순간 손 붙잡고 복닥거리지는 않지만, 내가 살아가고 경험하고 느끼는 모든 것의 이유가 아닐까.** 가족에게 자칫 소홀해지기 쉬운 시기지만, 그러다가는 이후의 인생에 후회가 남을지도 모른다.

내 경험상 관계의 온도를 높이는 가장 좋은 방법은 상대의 이야기를 진지하게 듣는 것이다. 가까운 사이일수록 대화를 나누거나 언쟁을 할 때 "잠깐, 네 말은 틀렸어. 내 말 먼저 들어봐." 하는 식으로 주도권 싸움을 하는 경우가 흔하다. 만약 거꾸로 이런 대화를 한다면 어떨까?

"아니야, 네 생각을 먼저 들려줘. 이야기를 듣고 싶은 건 나라고."

반려자든, 아들딸이든, 부모든, 상대의 속마음에 귀를 기울일 때 더 많은 대화가 오가게 되고 함께하는 시간은 훨씬 더 깊고 따뜻해진다.

가족만의 맛집을 정해놓고 한 달에 한 번씩 들르는 가족 행사를 만드는 방법도 추천한다. 우리 가족의 경우 집 근처 닭꼬치 집을 정기적으로 찾는다. 이날만큼은 배불리 식사하는 것이 목적이 아니라, 각자의 이야기를 허물없이 나누고 들어주는 것이 목적이다.

아마 오랜 시간이 지난 후에도 우리 가족은 그 닭꼬치 집을 볼 때마다 가족의 시간을 떠올리게 될 것이다.

'네가 있었기에 좋았던' 시간과 공간을 만들어보자.

혼자 걷는 인생이
홀가분할지라도

뻗어가는 50	시들어가는 50
더불어 행복해진다	**간편한 외로움을 택한다**

50대가 되면 다양한 계층의 친구가 생긴다. 학교 동창, 직장 동료, 동호회처럼 취미로 연결된 사람들, 그 밖의 사회생활로 알게 된 지인들.

학창 시절 친구의 경우, 가장 편한 것은 군이 공감대를 찾으려 노력하지 않아도 될 만큼 서로 공유하는 것이 많다는 점이다. 올림픽과 월드컵, 비틀스와 퀸, IMF 위기, 부동산 시장의 급등락……. 공통된 경험을 함께 거쳤기에 '척하면 척'이다.

나도 고등학교 시절의 친구 여섯 명과 채팅 앱을 통해 매일 시답잖은 대화를 주고받곤 한다. 특히 국가대표 축구 경기나 프로야구 시리즈 같은 대형 이벤트가 있을 때는 채팅 창이 한층 바빠진다.

가끔은 만나서 술잔을 나누기도 하는데, 쉰 정도가 되니 조심해야 할 부분이 생긴다. 아무래도 각자 사상이나 철학에 상당한 차이가 생기게 마련이어서 서로가 이질적인 존재임을 이해해야 한다. 분명 젊은 시절의 우정은 서로에 대한 전폭적인 신뢰가 밑바탕이 되었지만, 이제는 서로 생각이 반드시 일치할 필요가 없다는 마음가짐으로 넘길 것은 적당히 넘길 수 있어야 한다. 그래야만 소소한 이야기로 술잔을 기울이는 우정을 오래도록 지킬 수 있다.

일터에서 알게 된 친구들은 또 다른 매력이 있다. 노력과 성과를 공유한 사람이기에, 이들을 통해 일하고 사는 보람을 느낀다. 50대쯤 되면 인생의 단맛과 쓴맛을 모두 맛본 사이이기에 교류하는 재미도 커진다.

그 밖에 이것저것 잴 필요가 없는 다양한 분야의 지인들도 소중하다. 나는 스포츠클럽 친구들과 자주 만나 시간을 보낸다. 함께 땀을 흘리고, 가끔은 같이 식사하면서 인생에 관해 이야기를 나눈다.

어느 나이나 마찬가지겠지만, 50대의 나이에 친구들은 인생의 보물 상자와 같다. 하지만 나이가 들면서 인간관계에 염증을 느껴 마음을 닫는 경우가 점차 늘어난다. 남들 비위 맞추고 신경 쓰는 데 에너지를 소모하느니 차라리 혼자 밥 먹고, 혼자서 여행 다니고, 혼자 취미 활동을 하는 편이 훨씬 마음 편하다고 말한다.

그 또한 이해 못할 바는 아니지만, **사람을 통해 얻는 삶의 기쁨은 혼자서 느끼는 충족감과는 차원이 다르다. 사람을 통해서만 느낄 수 있는 행복의 감정을 포기하지 말자.** 사람과 사람이 만나는 일이 때로는 성가시고, 때로는 화가 나거나 서운할 수 있지만 그것이 인생이라는 긴 시간 고립과 외로움을 택할 이유는 되지 못한다.

'궁'했던 하루를
'통'하게 만드는 비결

뻗어가는 50	시들어가는 50
가장 간단한 처세법으로 인기를 얻는다	**'안 좋은 일 있느냐'는 소리를 수시로 듣는다**

쉰이 넘으면 표정도 빈약해지는 모양이다. 나도 무심
코 있다가 "화났어? 표정이 안 좋은데"라는 말을 듣고 놀
랄 때가 더러 있다.

인간관계의 출발선은 '웃는 얼굴로 인사하기'다. 살다
보면 이 단순한 원칙을 실천하는 것이 결코 쉽지 않음을

실감할 것이다. 자신도 모르게 귀찮아져서 보일 듯 말 듯 고개만 까닥 하고 지나치는 경우가 흔해진다. 되도록 말을 붙이고 싶지 않은 상대도 있기 마련이고, 인사를 건넸는데 아무런 대꾸가 없다든가 뭔가 미적지근한 반응이 돌아와서 스트레스를 받기도 한다.

그러나 중년일수록 더 시원하게, 먼저 웃는 얼굴로 "안녕하세요!", "좋은 아침입니다!", "고생하셨어요!"라고 인사하는 습관을 들일 것을 권한다.

고작 인사 따위가 뭐 그렇게 중요하냐고 무시하지 말기 바란다. 인사하는 모습을 보면 그 사람이 어떤 인생을 살아왔는지 보인다고 해도 과언이 아니다.

무엇보다 인사는 자신의 귀에 고스란히 들리는 까닭에 자기 마음에 보내는 성원이 될 수 있다.

내 친구이자 '데라다창고'의 회장인 데라다 야스노부는 인사의 달인이다. 젊었을 때부터 "아이고, 안녕하십니까!"라는 인사로 유명했다. 이 인사로 친구 6,000명을 만들어 큰 규모의 파티나 이벤트를 연달아 성공시켰다. 70대가 된 지금도 어디를 가든 "아이고, 안녕하십니까!"라고 친근감 있게 말을 걸어 인기를 독차지하고 있다. 옆에서 보고 있자면 '이렇게 간단한 처세법이 다 있구나.' 싶어 감탄하게 된다.

나이 들수록 누군가에게 말을 걸기가 점차 부담스러워지기 때문에, 평소 기회가 있을 때마다 의도적으로 훈련할 것을 권한다.

거리에서 길을 헤매는 듯 두리번거리는 사람이 있으면 "도와드릴까요?" 하고 말을 걸어보자. 뭔가 잘 모르는 것이 있으면 주변 사람에게 "이것 좀 가르쳐줄 수 있을까요?"라고 청해보자. 이런 가볍고 밝은 대화가 습관이 되고 태도가 되었으면 한다.

양명학자이자 사상가로 유명한 야스오카 마사히로도 이런 말을 남겼다.

"어려운 상황일수록 쾌활해지자. 궁하면 통한다. 통하게 만든다는 것은 자연과 인생의 이치이자 가르침이다."

50대의 삶은 분명 만만치 않지만, 밝은 인사 하나만으로도 '궁'했던 하루를 '통'하게 만들 수 있다. 그런 하

루하루가 이어진다면 50대가 끝날 즈음에는 분명 그 노력이 열매를 맺을 것이다.

녹슨 인연의 파이프를
정비하는 법

뻗어가는 50	시들어가는 50
'데스노트' 대신 '귀인 목록'을 작성한다	녹슨 인연의 파이프를 방치한다

'그 사람 덕분에 지금의 내가 있다'는 생각이 드는 대상이 누구나 한두 명쯤 있을 것이다. 그런 사람을 '귀인'이라고 한다. 또한 참 멋지게 산다거나 인품이 훌륭하다고 느껴서 본받고 싶은 사람도 주변에 한두 명쯤 있을 터인데, 그런 사람을 '멘토'라고 한다.

나이를 먹으면 인간관계도 어수선해져서 정말 소중히 여겨야 할 사람이 누구인지 분간하기가 힘들어진다. 그래서 **때때로 내게 귀인은 누구인지, 멘토는 누구인지를 곰곰이 생각해보는 시간이 필요하다. '이 사람과 만난 건 정말 행운이야'라고 느끼는 사람의 목록을 작성해보자.**

'귀인'에는 이미 세상을 떠난 사람들도 포함된다. 힘이 되어준 사람뿐만 아니라 크게 싸웠던 사람, 미움이 남아 있는 사람들도 때로는 귀인이 될 수 있다. 그들로 인해 내가 성장할 수 있었고 새로운 기회에 눈 뜰 수 있었다면 그들은 내 인생에서 귀인이라 할 것이다.

귀인과 멘토의 이름을 노트에 적는 것은, 말하자면 '데스노트'의 반대 버전이라 할 것이다. 그들에 대한 고마움을 새기고, 이들과의 관계를 계속 유지할 방법을 적어보자.

계절마다 함께 차를 마시거나 식사하기, 아무런 용건 없이 연락하기, 공동 작업 구상하기 등은 좋은 방법이 될 것이다.

젊은 시절에 나는 명절이 되면 신세를 졌던 사람들에

게 그 사람의 이름을 새겨 넣은 손수건을 선물했다. 아쉬울 때만 부탁하러 가지 말고 평소에 감사의 마음을 전해두는 것이 중요하다고 생각했기 때문이다. 돈을 많이 들일 여유는 없었기 때문에 생각해낸 방법이, 상대방의 이름을 자수로 새겨 넣은 흰 손수건 세 장이었다. 덕분에 한 교수님은 나를 '손수건 마쓰오 군'이라는 애칭으로 기억해주셨다.

50대는 소중한 사람들과의 인연도 오래된 파이프처럼 녹슬기가 쉽다. 연결된 파이프를 주기적으로 청소해 인연의 수명을 늘려가자.

나의 귀인 목록,
멘토 목록을 작성해보자.

단체 티셔츠가
재앙이 될 때

뻗어가는 50	시들어가는 50
가치관의 차이를 인정한다	**나이들수록 부딪히고 상처 받는다**

    예전에 활동하던 동아리에서 단체 티셔츠를 만들어 유니폼처럼 입자는 이야기가 나왔다. 다들 좋은 아이디 어라며 호응을 하는데 어떤 남자 회원 한 명은 심드렁한 표정을 지었다. 평소에 워낙 개성적인 패션을 뽐내던 멋 쟁이였는데, 그 사람 입장에서 모두가 똑같은 옷을 입어

야 하는 상황은 패션 감각을 봉인당하는 최악의 사태였을 것이다.

사람마다 지키고 싶은 가치, 존중받고 싶은 취향이 있다. 사회라는 공간에서는 저마다의 가치와 취향이 뒤섞이기 때문에 때때로 갈등이 일어난다.

때로는 취향의 차이를 넘어 상식이 부딪히는 상황이 벌어지기도 한다.

오래전 어느 대기업의 간부 연수를 의뢰받았을 때였다. 고객사의 요구에 맞추어, 인지도 높고 실력도 뛰어난 강사와 동반하여 프레젠테이션을 진행했다. 그런데 프레젠테이션이 끝나자 그 자리에 있던 관리자가 차갑게 대꾸했다.

"그런 건 이미 다 알아요. 다시 기획해 오세요."

어쩔 수 없이 강사에게 정중히 부탁해서 다음 주에 다시 그 기업을 찾아갔다. 지난번의 그 관리자는 약속 시간보다 20분이나 늦게 와서는 다시 기획서를 퇴짜 놓았다.

"시야가 너무 좁다고요. 못 알아들으시겠어요?"

이쯤 되자 동행해준 강사에게도 면목이 없었다. 나는

관리자에게 분명히 의견을 밝혔다.

"저희는 심부름꾼이 아니라 의뢰를 받고 전문적인 제안을 마련해서 온 사람들입니다. 아니, 설령 심부름꾼이라 하더라도 사람 대 사람으로서 이런 대응은 실례죠."

그 사람은 잠시 나를 쳐다보다가 "시간만 낭비했네!"라며 방을 나가버렸다.

말 그대로 어이가 없어서 입이 다물어지지 않았다. 저런 사람과는 절대로 함께 일하고 싶지 않다는 생각 한편으로, 이 또한 그 사람의 일하는 방식이자 가치관이리라는 생각이 들었다.

사람은 나이가 들수록 취향이 하나의 방향으로 고정되고, 평생 지켜온 가치관 또한 뚜렷해진다. 문제는 나만 그런 것이 아니라 내가 만나는 사람들 또한 그러하다는 것이다. **내 취향과 가치관을 존중하고 지키는 것도 중요하지만, 나와는 완전히 다른 누군가를 얼마든 만날 수 있음을 이해해야 한다.** '세상에는 이런 사람도 있고 저런 사람도 있는 법'이라는 마음으로 다양성을 즐기는 도량을 키워보자.

'저래서는 안 될 텐데'
절대 금지

뻗어가는 50	시들어가는 50
해야 할 말을 한다	**하고 싶은 말을 한다**

나이만큼 경험치가 쌓인 50대에는 주변에 자꾸 뭔가 조언을 해주고 싶은 욕구가 솟아난다. 젊은 직원이 업무 준비도 제대로 하지 않은 채 대강대강 일하는 것을 보고 '저래서는 제대로 될 리가 없는데'라고 느끼기도 하고, 지식이 없는 사람이 근거가 부족한 주장을 펼치는 것을

보면 '아이고, 크게 잘못 생각하고 있구나'라고 생각할 때도 있다.

이럴 때일수록 '해야 할 말'과 '하고 싶은 말'을 구분해야 한다. **해야 할 말은 상대방에게 도움이 되는 말이다. 다만 내 입장이 아니라 그 사람 입장에서 흔쾌히 받아들이고 유용하게 사용할 수 있는 것이 제대로 된 조언이다.**

길게 설교를 늘어놓거나 잘못된 부분을 꼬집기만 하는 것은 그저 내가 하고 싶은 말에 불과하다. 그런 이야기를 듣고 싶어 하는 사람은 아무도 없을 것이다.

특히 50대에는 굳이 하지 않아도 될 말들로 빈축을 사지 않도록 주의하자. 누군가가 살이 쪘다거나 부쩍 나이 들어 보인다거나 하는 이야기를 신나게 지적하는 경우가 더러 있는데 어느 누구에게도 도움이 되지 않는 이야기다.

'괴력난신(怪力亂神)'에 대해 언급하지 않았던 공자처럼, 신빙성 없는 이야기나 뜬구름 잡는 식의 예언도 삼가야 한다.

정작 해야 할 말은 하지 못하면서 하지 않아도 될 말은 하는 성향이 어느 순간 들러붙지 않았는지 수시로 점검하자. **매순간 내 입에서 나오는 말을 매니지먼트하는 자세가 중요하다.**

제5장.

50부터는
비우기, 가벼워지기,
그리고 뛰어들기

가지 못한 길에 대한
아쉬움 대신

뻗어가는 50	시들어가는 50
집착을 버리는 법을 안다	**가지 않은 길을 되새김질한다**

예전에 사려고 했던 지역의 아파트가 두 배로 올랐다
거나, 잠시 보유하다가 팔았던 주식이 이후 가파르게 상
승했다거나 하는 경험을 흔히들 할 것이다. 이럴 때는
쓸쓸한 아쉬움과 함께 '시간은 돈'이라는 말의 의미를 이
해하게 된다.

그밖에도 '그때 그 직업을, 그 직장을 선택했더라면 인생이 더 잘 풀리지 않았을까?' 하는 생각이 드는 것도 50대의 특징이다.

지나온 길은 갖은 '미련'을 남기기 마련이다. 그런데 불교의 가르침을 오랫동안 공부하는 가운데 깨달은 것이 하나 있다면, 집착을 포기하는 것이 모든 '깨달음'의 첫걸음이라는 사실이다.

55세의 생일 아침, 세수를 하려고 거울을 보던 순간 문득 이런 생각이 들었다.

"과거를 되돌아봐도 역시 나한테는 이 길밖에 없었어."

나는 열여덟 살 무렵부터 이런저런 시행착오를 반복하면서 살아왔다. 대학 입시, 연애, 취업, 창업, 결혼, 사업 계승, 독립 등을 경험하며 수많은 갈림길을 만났고 그때마다 나름의 선택을 했다. 마음속에서는 수시로 '이건 아니야', '이대로는 안 돼', '나도 저렇게 되고 싶어'라는 소리가 들려왔다. 하지만 되돌아보니 역시 그 길이 나에게는 최선이었음을 인정하게 된다.

물론 대단한 부자가 된 것도 아니고, 세계적으로 이름을 알린 것도 아니다. 하지만 '나'이기에 의미 있는 이 길을 걷기 위해 태어났다고 생각한다.

50대는 오랜 기간에 걸쳐 차곡차곡 쌓인 수많은 집착을 내려놓기에 적합한 시기다.
과거의 자신, 오늘의 자신에게 "나는 지금 최선의 길을 걷고 있어"라고 자신 있게 말해주자.

둔감한 사람이
성공하는 이유

뻗어가는 50	시들어가는 50
타인의 시야에서 자유로워진다	**'나를 어떻게 생각할까'에 집착한다**

나는 다른 사람의 눈을 많이 신경 쓰는 사람이다. 어
릴 때부터 지금껏 늘 그랬다.

어린 시절, 누나와 나는 집에서 피아노를 배웠다. 집
으로 찾아오시던 피아노 선생님은 수업을 마치면 어머
니와 차를 마시며 잠시 담소를 나누곤 하셨다.

하루는 두 분이 이야기 나누는 것을 슬쩍 엿들었는데 선생님이 이렇게 말하는 것이 아닌가.

"가즈야 군은 피아노 말고 다른 쪽에 재능이 있는 것 같아요."

'어, 난 정말 재능이 없는 건가?'

누나에 비해 피아노를 잘 못 친다는 것은 느끼고 있었지만, 선생님의 그 한마디는 어린 마음에 상처가 되었다. 평소 내가 잘 따르던 예쁜 선생님이어서 더 그랬을지도 모르겠다. 그 뒤로 나는 어떤 악기를 다루든 남들이 비웃지 않을까 걱정하는 악기 공포증에 걸리고 말았다.

유년 시절의 경험에서 알 수 있듯이, 나는 타인의 평가에 상당히 민감하다. 나이가 들어서도 예상치 못한 순간에 어린 시절의 나로 순식간에 훌쩍 돌아가 버릴 때가 있다.

성인이 되어 교육 사업에 뜻을 두고서 수많은 세미나와 강연회를 기획하고 개최하는 일을 하게 되었다. 창업한 지 얼마 안 되었을 무렵이다. 웅장한 경단련 회관에서 500명의 청중을 모시고 대형 강연회를 개최하게 되었다. 게스트로는 인기 평론가 다케무라 겐이치 씨를 초빙하여 사람들의 관심이 쏠렸다.

본래 남들 앞에서 말하는 것을 좋아하는 성격인데, 그날 예기치 못한 사건이 터졌다.

강연회가 시작되고 주최자 대표로 내가 먼저 강단에 올랐다. 10분 정도 인사말을 해야 하는데, 갑자기 강당을 가득 채운 수많은 청중이 눈에 들어오면서 머리가 멍해졌다. 창백한 얼굴로 대체 무슨 말을 하는 건지 알 수 없을 만큼 횡설수설하다가 단상을 내려오고 말았다. 그대로 쥐구멍에라도 들어가고 싶은 심정이었다. 수백 명의 사람들이 나를 보고 어떻게 평가할 것인지 생각하다가 머릿속 회로가 그만 뒤엉켜버린 것이다.

다행히 이 나이가 되자 경험이 쌓이고 사람들에게 잘 보이려는 생각도 점점 줄어들어서 적당한 긴장감 속에서 강연과 연수를 할 수 있게 되었다.

신기하게도 어떤 이들은 타고 나기를 남들 시선을 신경 쓰지 않는 성향인 경우가 있다. 이런 사람들은 어디서나 본인의 역량을 자유롭게 발휘한다. 일본에서 만담 열

풍을 일으킨 탤런트 시마다 요시치가 그런 경우다. 그는 젊었을 때부터 지금까지 연극 무대에 서거나 텔레비전 방송에 출연할 때 긴장해본 적이 한 번도 없다고 한다.

세상을 그런 태도로 살 수 있다면 얼마나 가뿐할까. 물론 사람들 눈치를 보지 않으니 제멋대로가 되지 않을까 싶기도 하지만, 현실에서는 오히려 타인의 평가는 상관없이 자기 방식을 밀고 나가는 이들, 남들의 반응에 둔감한 사람이 뛰어난 성과를 내곤 한다.

지금껏 남들 눈에 맞추어 세상을 바라보고 살아왔다면 50세를 넘긴 나이에는 슬슬 타인의 시야에서 스스로 벗어나도 되지 않을까.

이제는 최대한 나답게 말하고 행동하는 데 집중해보자. 타인에게만 초점을 맞춘다면 어느 순간 나 자신을, 내가 갈 길을 잃어버릴 수 있다. SNS의 '좋아요' 횟수보다 더 본질적인 '내 것'에 시선을 돌릴 때다.

천하를 쥐어도
5홉 반

뻗어가는 50	시들어가는 50
줄이고 멈추는 즐거움을 안다	**계속 부풀리는 데 초점을 맞춘다**

사방을 둘러보면 풍요로운 세상이다. 돈만 내면 참치 회, 장어구이, 마블링이 살아 있는 특등급 소고기, 복어 요리 등 온갖 산해진미를 먹을 수 있는 음식 천국이다. 웬만한 아파트 주차장만 내려가도 벤츠, BMW, 아우디 등이 즐비해 마치 고급차 전시회에 온 듯한 착각을 불러

일으킨다. 여름과 겨울 휴가철은 어떤가. 코로나 직전만
해도 해외여행을 가기 위해 몰려든 사람들로 공항은 북
새통을 이뤘다.

　돈으로 얻은 풍요를 한번 맛보면 그 수준을 낮추기는
힘든 법이다. 그래서 누구든 가능하기만 하다면 끝없이
우상향하는 인생을 살고 싶어 한다. 어제보다 나은 오늘,
오늘보다 나은 내일. 'more and more'인 셈이다.
　하지만 고도 경제성장기가 언제까지나 지속되어 끝
없이 우상향하는 시대란 존재하지 않는다. **어딘가에서
는 파열음이 들리고, 나이가 들수록 물리적으로 조금씩
포기해야 하는 것들도 늘어난다.** 나 또한 50세였을 때
오랫동안 이사로 일했던 회사가 도산해 연 소득이 절반
으로 줄어드는 경험을 했다.

　그래서 50세를 넘기면 미니멀 라이프, 다시 말해 '생
활의 규모를 축소할 수 있는 능력'이 중요해진다. 아무리
부유한 자산가라 할지라도 이는 필요한 자세다. '서 있을
때는 4분의 1평, 누웠을 때 반 평, 천하를 쥐어도 5홉 반'

이라는 옛말이 있다. 한 사람이 차지할 수 있는 공간과 먹을 수 있는 양에는 한계가 있기 마련이다.

세상을 탐색하던 젊은 시절에는 내 공간을 계속해서 부풀려나갔다면, 이제는 조금 더 밀도 있고 단단하게 나의 공간을 다질 때다.

끊임없이 맛있는 음식을 찾아다니는 식습관, 고가의 브랜드 제품을 철마다 구매하는 소비 습관, 더 비싼 집, 사치스러운 여행……. 이런 물욕은 누르고 나를 정말로 만족시키는 소비를 할 때 인생의 후반기가 더 풍성해진다.

의례적인 명절과 연말연시 선물, 연하장에 대한 부담도 이제 내려놓자. '아무나'에 해당되는 것이 달갑지 않은 시대다. 차라리 대상을 좁혀서 진심을 담는 편이 훨씬 더 깊은 교제를 할 수 있다. 마음이 담기지 않은 인사치레는 과감하게 그만두어도 좋다.

단순한 삶을 사는 것이 진짜 부자가 아닐까 하는 생각을 해본다. 줄이고 멈추는 행동을 고통으로 여기지 않고 즐길 수 있을 때, 통장 잔고만이 아니라 인생이 더 건강해진다.

오늘도
억울한 이들을 위하여

뻗어가는 50	시들어가는 50
손해를 스스로 선택할 수 있다	**작은 손익에 몰두한다**

　나는 늘 손익을 따져가며 살았다. 어렸을 때 누나와 과자를 누가 더 많이 먹을 것인지 따지던 것부터 시작해 사업의 매출 계산, 회식비 분담에 이르기까지 되도록이면 손해를 보지 않으려 했던 것 같다. 때로는 그런 내가 속 좁은 것처럼 느껴져 민망하기도 하다.

나이가 들면서 '손해'를 선택할 줄 아는 것도 그 사람의 능력이라는 생각을 하게 된다. 엘리베이터 앞에서 남들에게 먼저 타라고 한 발 물러서는 사람, 소소한 이익을 나눌 때 다른 사람이 더 큰 몫을 가질 수 있도록 배려하는 사람, 누군가의 실수를 함께 책임지고자 나서는 사람……. 그런 이들에게서 매력을 느낀다.

손해를 택할 수 있다는 것은 마음에 여유가 있다는 의미다. 반대로 불안한 사람일수록 손익 계산에 몰두한다. 50이 넘은 나이에 조금이라도 이득을 보아야 안도하고, 작은 불편함조차 억울해서 견디지 못하는 이들의 삶에는 열매가 맺힐 겨를이 없다. 향기를 담은 예쁜 꽃도 결코 피우지 못할 것이다. '나만 잘되면 된다'는 믿음은 나이가 들수록 초라하고 완악해 보이게 마련이다.

자신의 손익을 초월해 사회를, 다음 세대를 생각하는 관점에서 행동하는 사람들이 결실을 맺는 모습을 나는 수없이 지켜보았다. 건강을 위해 매일 아침 산책을 하면서 길가에 버려진 쓰레기를 슬쩍 줍는, 그런 사람으로 나이 들기 위해 나 역시 노력하는 중이다.

줄넘기 줄 안으로
뛰어들 용기

뻗어가는 50	시들어가는 50
과감하게 첫발을 내디딘다	**무책임한 평론가들에게 휘둘린다**

50대는 지식이 점점 쌓이면서 깨닫는 것이 많아지는 시기다. 문제는 머리로는 알고 있으면서 행동으로 쉽게 옮기지 못한다는 것이다.

가령 내 경우를 예로 들면, 한때 '영어를 할 줄 알면 세상이 넓어지는구나. 영어 실력을 키워야겠어'라고 생각해서 친구가 운영하는 영어 학원에 등록한 적이 있다. 하지만 현재는 바쁘다는 핑계로 영어 공부를 무기한 쉬고 있다.

또 50대 들어서는 차세대 리더를 육성하는 플랫폼을 만들자는 아이디어를 줄곧 마음속에 품었다. 젊은 세대와 깊이 교류하면서 연륜에서 나오는 지혜를 나누고 반대로 청년들의 참신한 발상을 배우자는 생각이었다. 이 또한 공공연히 떠들고 다닌 지 5년이 지났는데도 아직 실행에 옮기지 못하고 있다.

지금 당장 실행하는 습관은 청년들만이 아니라 50대에게도 중요하다. **나이가 들수록 주변에는 '평론가'를 자처하는 사람들이 늘어난다. 이들은 중요한 순간마다 이런저런 비평을 늘어놓아서 의욕을 꺾어버린다.**

이렇게 일장 연설부터 늘어놓으며 의지를 꺾는 부류는 사람과 조직을 시들게 만드는 진원이다. 만약 주위 평론가들의 비평 때문에 자꾸 불안감이 커진다면, 그 아이디어를 실천하지 않을 경우를 한번 생각해보라. 더 나이가 든 어느 날 후회를 한다 해도 무책임한 평론가들은 결코 책임져주지 않을 것이다.

어린 시절에 단체 줄넘기를 하던 기억을 떠올려보자. 횡횡 돌아가는 줄 안으로 처음 뛰어들 때는 겁이 나기 마련이다. 하지만 일단 뛰어들어 보면 자연스럽게 타이밍과 리듬을 알게 된다. **용기를 내서 줄이 지면을 때리는 순간에 과감하게 첫발을 내디뎌보자!**

50,
즐거운 전문가가 될 시간

뻗어가는 50	시들어가는 50
행복한 '천직'에 뛰어든다	원치 않는 일을 꾹 참고 한다

　나이가 들어서도 열심히 활약하는 사람들, 계속하여 뻗어나가는 사람들을 보고 있자면 한 가지 공통점이 눈에 들어온다. 바로 '즐거워 보인다'는 것이다.

　가령 작가라면 구상 중인 주제를 신나게 들려준다. 만나서 이야기를 나눠보면 다음에 쓸 책의 아이디어가 넘쳐난다. 설령 똑같은 이야기를 할지라도 말하는 사람도, 듣는 사람도 지루하지가 않다. 계속해서 생각할 거리, 이야깃거리를 만들어낸다.

사업가들은 꿈이나 비전을 말한다. 얼마 전 만났던 한 사업가는 이미 회사 하나를 크게 성공시킨 이력이 있는데도 여전히 새로운 꿈을 꾸고 있었다. 이번에는 동료들과 함께 전자악보 사업에 뛰어들었는데 시장 가능성을 모색하는 중이라며 즐겁게 사업 구상 이야기를 들려주었다.

변호사나 세무사라고 다르지 않다. 자신이 맡았던 사례들을 흥미로운 해설을 곁들여 설명해주곤 하는데, 전문 지식을 바탕으로 재현하는 이야기들이 드라마 못지않게 재미있다.

나의 오랜 벗 안도 슈는 일 이야기를 할 때면 세상 누구보다 즐거워 보인다. 이 친구는 일본에서 유일하게 골프 레슨 박사학위를 보유한 인물인데, 일단 골프 이론에 관한 대화가 시작되면 아무도 말릴 수 없을 정도다.

천직이란 바로 이런 것이 아닐까 싶다.

물론 보이지 않는 곳에서는 노력을 거듭하느라 힘들

고 지치는 순간도 있을 테지만, 이들이 불만을 길게 늘어놓거나 남 탓하는 모습은 본 적이 없다.

50년쯤 살아오면 자신이 무엇을 좋아하고 무엇을 싫어하는지가 명확해진다. 젊었을 때는 싫어하는 사람도 꾹 참고 상대해야 하고, 하기 싫은 일도 억지로 버티며 해내야 할 때가 많다.

하지만 50대라면 이제 꾹꾹 눌러 참는 데 되도록 에너지를 소모하지 말았으면 한다. 자신이 좋아하는 것, 즐거운 일을 적극적으로 선택할 시간이다. 남들이 뭐라고 하든 신경 쓸 필요 없다.

이를 위해서는 먼저 자신의 마음속에 파묻혀 있는 욕구를 들여다보아야 한다. 내가 어떤 일을 할 때 가장 즐겁고 행복한지를 생각해보고 스무 가지 정도를 적어보자. 너무 오래 고민할 필요는 없다. 떠오르는 대로 단숨에 써내려 가면 된다.

이제 그 일들에 최대한 많은 시간을 쏟으며 인생을 살겠노라고, 그래도 된다고 자신에게 허락해주자.

내가 천직으로 삼을 수 있는,
가장 즐겁고 행복한 일을 생각보자.
나는 어떤 일을 할 때 가장 생기에 넘치는가?

진짜 어른
구별법

뻗어가는 50	시들어가는 50
어른으로 대접받는다	어른으로 대접받고자 한다

　세상의 변치 않는 황금률 중 하나는 '열매를 맺는 사람일수록 겸손하고 솔직하다'는 것이다. '벼는 익을수록 고개를 숙인다'라는 옛말을 누구나 알고 있지만 그렇게 산다는 것은 참으로 어려운 일이다.

　내가 지금까지 살면서 만났던 사람 가운데 정말로 겸

손하고 성실하다고 느꼈던 이는 왕정치(王貞治, 일본 기업인이자 전 야구감독. 소프트뱅크 호크스의 회장이다-옮긴이) 씨다. 본래 어지간해서는 강연 의뢰를 수락하지 않는 분이라고 알려져 있는데, 어느 기업의 100주년 기념식 때 특별히 의뢰를 수락했다. 나도 마침 그 자리에 참석하여 처음으로 만나게 되었다. 그는 인자한 표정으로 정중하게 인사를 건넸고 대기실에서 사전 미팅을 하는 동안에도 내 이야기를 조용히 들어주었다.

잠시 후 강연 시간이 가까워지자 내게 다가오더니 이렇게 슬며시 물었다.

"정식 회사명을 한 번만 더 가르쳐주실 수 있겠습니까?"

무엇 하나 가볍게 생각하지 않는 성실한 태도에 감탄할 수밖에 없었다.

이후로도 그와 함께 강연회를 할 기회가 한 번 더 있었다. 강연을 마치고 질의응답 시간이 되자 사회자는 어색한 분위기를 띄우고자 왕정치 회장에게 다소 민감한 요청을 했다.

"세 딸의 아버지로서 가정에서 독자적인 알몸 교육법을 실천하신다고 들었는데, 소개해주시겠습니까?"

어디까지나 사적인 이야기이기에 주저할 만도 하지만, 그는 '목욕을 마친 뒤에는 알몸으로 등장한다'는 일화를 소탈하고 유쾌하게 들려주었다.

어중간하게 거물인 척하는 사람들이 오히려 오만하고 권위적인 경우가 많다. 대중에게서 가장 존경받는 인물이 누구보다도 겸손하다는 사실은 내게 큰 깨우침을 주었다.

겸손한 사람은 남들에게 인정받고자 하는 욕구를 다스릴 수 있다. 역설적으로 그런 이들은 어디에서나 어른으로 대접받는다.

50대에는 그런 어른이 되어야 할 것이다.

용기와 상상력,
그리고 약간의 돈

뻗어가는 50	시들어가는 50
'황금알을 낳는 거위' 시스템을 구축한다	퇴직 후 돈이 들어올 흐름을 만들지 못한다

나는 돈이 전부라고 생각하지 않지만, 거추장스럽지 않을 정도의 돈은 인생의 후반기에 꼭 필요하다고 생각한다. 물질적으로 궁핍을 느낄 때 그 사람의 정신이나 행동에 부정적인 변화가 나타나기 때문이다.

찰리 채플린Charles Chaplin의 영화 〈라임라이트Limelight〉에

나오는 명언처럼 **인생에는 용기와 상상력, 그리고 '약간의 돈'이 필요하다.**

주위에서 경제적으로 풍요로운 사람들을 관찰해보면 대략 다음과 같은 유형으로 구분된다.

· 원래부터 자산가
· 월급쟁이지만 기업에서 출세해 높은 보수를 받는 경우
· 부모의 사업을 이어받아 더 크게 성장시킨 사람
· 자신의 손으로 창업해 성공을 거둔 사업가
· 주식, 외환 등을 운용해서 성과를 내는 이들

누구나 이들처럼 될 수는 없겠지만, 만년까지 수입을 창출하기 위해서는 '매달 일정 금액이 끊임없이 입금되는 시스템'을 만드는 것이 중요하다. 조금씩이라도 영구적으로 현금이 흘러 들어오는 상태를 어떻게 만들 수 있을까? 다음 세 가지가 기본적인 패턴이다.

① 부동산 등의 임대료 수익

② 펀드나 주식 등의 투자를 통한 수익

③ 본인의 기술이나 네트워크를 활용한 사업 수익

물론 이것이 말처럼 쉬운 일이 아님은 잘 안다. 특히 자본금 없이 시작하는 경우는 더 막막할 것이다. 그러나 50대라면 아직 '황금알을 낳는 거위'를 키우는 데 전념 해야 할 때다. 찰리 채플린이 말한 용기와 상상력을 발휘해보자.

작은 실마리를 찾아내서 실천했을 때 노후에도 정신 과 행동을 건강히 지키는 시스템을 구축할 수 있을 것 이다.

사기꾼이 주로 사용하는
세 가지 화법

뻗어가는 50	시들어가는 50
현명한 투자로 재산을 지킨다	**솔깃한 이야기에 쉽게 넘어간다**

　살다 보면 '수상쩍은 돈벌이' 제안을 주기적으로 받곤 한다.

　"주식 상장이 틀림없는 기업이 있어요. 저랑 1억 원씩 공동으로 출자하는 거 어떠세요. 지금이라면 거의(?) 원금 보증에다가 연 10퍼센트 이자가 가능해요."

대충 이런 식의 제안이다.

사업을 막 시작했을 무렵에는 소문난 사기꾼을 만난 적도 있다. 점잖은 신사처럼 보였기에 의심을 하지 못했다. 당시 아직 실용화되지 않았던 접이식 컨테이너의 특허를 가지고 있다며 함께 사업을 해보자고 제안을 해왔다. 얼마 후 설계·제조를 맡고 있는 한국에까지 초대를 받아서 다녀오기도 했다. 일사천리로 출자까지 이야기를 진행했는데, 하늘이 도왔는지 지인 하나가 아무래도 수상하다며 나를 말렸다. 껄끄러운 과정을 거치기는 했지만 결국 출자를 취소했는데, 나중에 그 사람이 전국적으로 소문난 사기꾼이었음을 알고서 등골이 서늘했던 기억이 있다.

그 뒤로는 외부의 투자 제안을 특별히 조심했지만, 가까운 친구들의 부탁까지 거절하지는 못했다. 친구의 이야기에 솔깃해서 투자했다가 결국 자금을 회수하지 못했던 경험이 세 번이나 있다.

쉰이 넘은 나이에 타인의 돈을 노리는 사람들의 함정에 빠지는 경우를 더러 보게 된다. 나이가 나이니만큼 큰 타격을 입게 됨은 물론이다. 손쉽게 큰돈을 벌 수 있다는 이야기는 대부분 거짓말이라고 보아도 무방하다. 애초에 그렇게 간단히 돈을 벌 기회가 넘쳐날 수가 없다. 정말로 쉽게 큰돈을 벌 수 있다면 자기들이 한 푼이라도 더 벌 일이지 왜 그 이야기를 남에게 굳이 가르쳐 주겠는가?

사기꾼이 주로 사용하는 세 가지 화법이 있다.

① "수준이 높은 당신에게만 특별히 가르쳐 드리는 겁니다(비행기를 태운다)."
② "사실은 A씨도 이 이야기에 큰 관심을 보이고 있습니다(경쟁심을 부추긴다)."
③ "오늘 결정하지 않으면 두 번 다시 이 기회를 잡지 못할 겁니다(생각할 시간을 빼앗는다)."

산전수전 다 겪은 백전노장도 이런 초보적인 접근법에 쉽게 넘어가 버릴 수 있다는 사실이 가장 무서운 점이다.

50대 이후의 삶을 지키기 위해서는 도박과도 같은 투자를 절대 멀리해야 함을 기억하자.

제6장.

50부터는
체력이거든!

CHANGE
MY LIFE

하늘에서 빌린
보디슈트

뻗어가는 50	시들어가는 50
빌린 보디슈트를 정성껏 정비한다	'늙으면 어쩔 수 없지'라고 생각한다

　호스피스에서 완화 케어를 담당하는 의료진과 대담했을 때 들은 이야기다. 환자들이 죽을 때 가장 후회하는 일 중 하나가 '건강을 소중히 여기지 않았던 것'이라고 한다.

　우리는 하늘로부터 육체라는 보디슈트를 빌려 쓰는

중이다. 앞으로 몇 년을 더 쓰게 될지 모르지만 보디슈트
가 닳아 해지거나 상태가 나빠지기 시작하는 것은 50대
의 특징이다.

요산치, 콜레스테롤 수치, 중성지방, 감마지티피(감마
GTP, 간의 해독 작용에 관여하는 효소-옮긴이) 등의 수치
가 점차 높아진다. 이제는 젊었을 때처럼 술을 취하도록
마시기 힘들고, 열량 따위는 신경 쓰지 않고 먹고픈 음
식을 실컷 먹을 자유가 줄어든다. 맛있는 음식이 눈앞에
있어도 자제해야 하는 안타까운 연령대다.

목과 허리, 무릎 등의 관절에도 이상 신호가 나타나기
시작한다. 나는 피트니스클럽에서 오른쪽 다리를 살짝
접질린 적이 있다. 거울을 보며 에어로빅을 하던 중이었
는데 다리의 방향이 한순간 바깥쪽으로 뒤틀리는 것이
눈에 들어왔다. 그날 느낀 통증은 이후 허리와 목까지
번져서 한동안 지속되었다. 나이를 먹으면서 몸이 물리
적으로 녹슬고 있으니 어쩔 수 없는 일이다.

물론 노화는 막을 수 없다. 하지만 당장은 버틸 만하
다는 이유로 몸을 돌보지 않으면 언젠가 그 대가를 치

르게 된다. 후회하기 전에 몸을 정성껏 관리하는 습관을 들여야 한다. 건강에 관심이 높고 식사와 운동, 영양제, 명상 등의 건강 관리 방법에 해박한 사람이 오래도록 건강하게 살 확률이 높은 것은 분명한 사실이다.

50대의 생활 습관이 60대 이후의 건강을 좌우하는 법이다. 몸의 컨디션은 삶의 모든 영역에 지대한 영향을 끼친다.

부디 '몸'이라는 세상에 하나뿐인 보디슈트를 올바로 정비하는 습관을 들이길 바란다. 그리하여 장래에 그 보디슈트를 하늘에 반납할 때 "오랫동안 깨끗하게 쓰셨군요"라는 말을 들었으면 한다.

어느 날 아침,
몸이 항의를 해오다

뻗어가는 50	시들어가는 50
몸을 지친 상태로 내버려 두지 않는다	**몸이 비명을 지를 때까지 돌보지 않는다**

　어느 날 아침, 잠에서 깼는데 목 부근 근육이 너무 아
팠다. 이날 이후로 목이 아프고 손도 저려서 몸을 조금
만 움직여도 고통스러운 상태가 되었다. 병원에 가보니
'경추증(목 부위에 통증과 경직이 생기는 뼈와 연골의 질환.
45세 이후에 증가하는 경향이 있다-옮긴이)'이라고 했다.

경추증은 그대로 계속 진행되면 나중에는 걷는 것조차 힘들어지기 때문에 수술을 해야 하는 병이라고 한다.

얼마 동안은 통증을 참으면서 강연을 계속했지만, 결국 이대로는 안 되겠다 싶어서 회사를 쉬고 일주일 동안 온천 치료를 시작했다. 효능이 좋다는 온천을 찾아가 몸을 담그고 솜씨 좋은 마사지사에게 전신 마사지도 받았다. 산책 외에는 관광도 일절 하지 않고 숙소에서 자고 또 자기를 반복했다.

평소에는 휴식이라고 해봐야 어쩌다 찾아온 휴일에 늦잠을 자는 수준이었는데, 이제 그 정도로는 회복이 안 되는 안타까운 나이가 되었음을 실감한다. 50세를 넘은 나이라면 대부분 뭐라 말할 수 없이 노곤하다든가, 허리에 납덩이라도 달린 것처럼 몸이 무겁다든가, 무엇을 먹든 소화가 잘 안 되는 증상을 종종 겪을 것이다. 50년 이상을 살아오면서 나도 모르는 사이 몸을 혹사시킨 탓이리라. 오랫동안 축적되어 온 고질병이기에 쉽게는 완치되지 않겠지만, 일단 근육의 피로를 철저히 푸는 것이 중요하다.

근육만큼이나 내장의 피로도 상당히 쌓여 있을 것이다. 쉰은 과식하고 과음하던 평소의 식생활에 대한 청구서가 날아오는 연령이다. 내 경우 정기적으로 단식 시설에서 반(半) 단식을 한다. 하루에 세 끼, 먹고 싶은 음식을 마음껏 먹는 식습관을 중단하면 처음에는 당황스럽고 힘이 들지만, 점차 위장과 부신의 피로가 풀리면서 자연스럽게 뇌의 피로까지 풀린다. 그리고 어느 순간 마음의 피로로부터 해방되는 느낌을 받는다.

오바마^{Barack Obama} 전 미국 대통령은 1일 1식을 실천하는 것으로 유명한데, 지금도 놀랄 만큼 젊음을 유지하고 있다(단식을 할 때는 섭식 장애가 생기지 않도록 전문가의 지도 아래에서 실천할 것을 권한다).

쉰이 넘었다면 이제 기존의 습관에 적극적으로 제동을 걸자. 근육과 내장에 오랜 세월 축적된 피로를 풀지 않으면 갑작스럽게 몸이 말을 안 듣는 식으로 항의를 해올지 모른다. 본래 50대는 아직 건강하고 총기가 넘치는 시기다. 이 나이에 마땅히 누려야 할 것들을 누릴 수 있도록 그때그때 몸의 피로를 풀어주자.

클럽 중
최고의 클럽

뻗어가는 50	시들어가는 50
건강을 위해 매일 벽돌집을 짓는다	운동과는 이미 오래전에 연을 끊었다

    내 몸은 그렇게 튼튼하지 못하다. 잠이 부족하면 다음 날 바로 영향이 나타나고, 어렸을 때부터 감기나 골치 아픈 병에 주기적으로 걸리곤 했다. 그래서 '평소에 건강을 챙기자'는 생각을 늘 하는 편이다. 특히 운동을 중요하게 여겨서 20대부터 회사 근처에 있는 피트니스클럽

을 꾸준히 다녔다. 지금도 그 습관은 계속 유지하는 중이다.

점심시간이나 퇴근 후 짬이 날 때 운동을 하기 때문에 시간은 한정되어 있다. 기본적으로는 20분 동안 스트레칭, 20분 동안 윗몸일으키기와 팔굽혀펴기, 20~30분 동안 유산소 운동을 하는 것을 원칙으로 한다. 물론 바쁠 때는 스트레칭만 하는 경우도 있다. 많은 시간 운동을 하지는 못하지만 차근차근 벽돌을 쌓아 올린다는 마음으로 꾸준히 하고 있다.

내가 유일하게 믿는 종교가 있다면 바로 '피트니스클럽교'일 것이다. 피트니스클럽에 다니는 사람들을 보면 대부분 실제 나이보다 열 살 이상 젊어 보이는 데다가 활동적이고 긍정적이다. 클럽이나 술집에 다니는 것보다 건강하게 스트레스를 풀 수 있으며 들어가는 돈도 훨씬 적다.

골치 아픈 업무와는 완전히 벗어난 영역에서 운동 친구들과 마음 편하게 대화를 즐길 수도 있으니, 그야말로 '백익무해'라 할 만하다.

다른 사람에게 맡기거나 돈을 쓰는 것만으로 해결할 수 없는 것이 바로 건강이다. 건강은 자율적으로 실행해야만 손에 넣을 수 있다. 아기 돼지 삼형제의 막내처럼, 꾸준히 벽돌을 쌓아서 강한 바람도 견뎌낼 만큼 튼튼한 벽돌집을 짓기 바란다.

아직 늦지 않았다. 지금부터 시작해도 충분하다.

종합검진만 믿어서는
안 되는 이유

뻗어가는 50	시들어가는 50
몸의 치유력을 높이는 데 관심을 기울인다	진통제 한 알로 모든 것을 해결하려 한다

혹시 홀리스틱holistic이라는 말을 들어보았는가? '홀리스틱'의 어원은 '전체성'을 의미하는 그리스어 '홀로스holos'다. 여기에서 파생된 말로 whole(전체), heal(치유하다), health(건강), holy(성스럽다) 등이 있다. 요컨대 '건강'이라는 말 자체가 '전체'라는 개념에서 비롯된 것이다.

자신이 살아가는 방식, 특히 몸에 관해서는 전체적인 관점에서 바라봐야 한다. 우리는 몸의 일부에 이상 증상이 생기면 병원에 가서 검사를 받는다. 원인을 특정하지 못하는 경우에는 대증요법으로 진통제나 소염제, 위장약, 수면제 등의 약을 처방받는다. 그러나 그 약들에는 부작용도 따르기 마련이다. **따라서 증상에만 초점을 맞출 것이 아니라 좀 더 전체적인 관점에서 몸을 대할 필요가 있다.**

가장 중요한 것은 자연 치유력을 높이는 일이다. 내 몸 어딘가가 무리를 해서 균형이 무너지지는 않았는지 살펴보아야 한다. 병을 고치는 주체는 나 자신이라는 사실을 망각하고, 다른 무언가에 의지하는 습관을 앞세워서는 안 된다. 우리 몸은 항상 스스로 치유하려 한다는 사실을 기억하라.

물론 서양의학의 혜택은 감사할 일이지만 그것만이 전부가 아니라는 생각을 한다. 실제로 나는 오래도록 고통 받았던 고질병을 동양의학인 침술 덕분에 벗어난 경험이 있다. 한방이나 인도의 전통의학인 아유르베다, 온천 요법, 식사 요법, 호흡법 등 다양한 치료법에는 나름의 놀라운 효능이 있다.

수상쩍은 민간요법은 비판적인 눈으로 보고 멀리해야 하지만, 몸의 치유력을 끌어올리는 다양한 방법을 시도해보는 것은 의미 있는 일이다. 50대에는 그저 가까운 병원에서 종합검진을 받고 불편한 증상들을 간단한 알약 처방으로 해결하는 것 이상의 관리가 필요하다. 전체적인 관점에서 건강을 생각하고 자신의 몸을 스스로 지켜나가도록 하자.

한밤중에 라면 먹는 습관과
이별하려면

뻗어가는 50	시들어가는 50
믿을 만한 '건강 방위대'를 확보한다	불확실한 건강 정보에 휩쓸린다

　건강을 지켜나가기 위해서는 신뢰할 수 있는 건강 네트워크가 필요하다. 검증되지 않은 민간요법, 비상식적인 치료법에 혹하지 않기 위해 제대로 된 정보망을 확보하는 것도 50대의 중요한 생존 기술이다. 만날 때마다 병에 관한 이야기만 하는 일은 피해야겠지만, 건강에 관

한 정보를 엄선해서 공유하는 것이 50대에는 분명 도움
이 된다.

　가령 다이어트의 경우, 누군가가 일일이 신경을 써줄
때 성공할 가능성이 한결 높이진다. 중년이라고 해서 살
찌는 것이 당연한 일은 아니다. 나이가 몇 살이 되든 몸
매만큼은 자신의 힘으로 관리할 수 있다. 사람의 도움을
받기 어렵다면 휴대폰 앱을 이용해도 좋다. 매일의 식단
과 운동, 건강 정보를 기록하고 조언을 얻을 수 있는 앱
이 다양하게 마련되어 있다. 이것을 '레코딩 다이어트'라
고 하는데 점심에 파스타와 빵(과도한 탄수화물)을 먹는
다거나, 뷔페에서 먹고 싶은 디저트를 실컷 먹는다거나,
한밤중에 라면을 먹는 습관과 이별할 수 있다.
　건강의 중요한 한 축인 수면은 어떨까? 불면증 인구
가 갈수록 늘어나고 있는데, 특히 50대 이후로 수면의
질이 떨어지는 경우가 많다. 숙면을 취하기 위해서는 취
침 전에 부교감신경이 우위에 서도록 만들어야 한다. 미
지근한 물에 느긋하게 몸을 담그고, 취침 전 30분 동안
은 텔레비전이나 컴퓨터, 스마트폰을 멀리한 채 간단한

명상을 하는 것이 좋다.

또한 몸의 상태가 나빠졌을 때 찾아야 할 의료기관에
대한 정보도 매우 중요하다. 내 지인 한 명은 부인이 아
파서 함께 병원을 찾아갔는데, 의사가 보더니 "남편 분
도 안색이 안 좋으시네요. 빨리 검사를 받아보셔야 할
것 같습니다"라고 권했다. 곧바로 입원해 검사를 받은
결과 심근경색이 발견되었고 즉시 수술을 받은 덕분에
생명을 건질 수 있었다. 내 지인은 운이 좋아서 목숨을
건진 경우지만, 평소 실력 있고 믿을 만한 의사를 알아
둔다면 늦지 않게 사고를 예방할 수 있을 것이다.

**50대에는 다이어트나 식습관, 수면 등에 대해 양질의
정보와 조언을 제공해줄 자기만의 '건강 방위대'를 결성
해야 한다.** 이 건강 방위대의 활약에 따라 남은 시간의
건강이 좌우된다 생각하고 대원들 모집에 신경을 쓰도
록 하자.

나의 '건강 방위대'를 결성하기 위해 계획을 세워보자.
고쳐야 할 식습관, 수면 습관, 생활 습관은 무엇인가?
건강한 습관을 세우고 유지할 수 있는
방법들을 찾아보자.

이 사이로 스며드는 가을밤의
달콤한 술 한잔

뻗어가는 50	시들어가는 50
술맛을 즐긴다	**숙취와 싸운다**

이 사이로 스며드는 가을밤의 달콤한 술은
조용히 기울일 때 맛이 더하느니

참으로 운치가 느껴지는 시구다. 술맛을 깨우친 뒤로
나는 줄곧 이 시구의 한 장면 같은 술자리를 꿈꿨다.

내가 상상하는 술자리에는 돌아가신 아버지가 등장한다. 오래전 가보았던 어느 먼 바닷가 마을의 전통 가옥, 작은 정자에 술상을 들인다. 현지의 전통주에 가자미회를 안주 삼아, 밝은 보름달 아래서 아버지와 술잔을 나눈다. "너도 참 열심히 살아왔구나"라고 한마디 해주신다면 소원이 없을 것 같다.

소중한 사람들을 하나둘 떠나보낸 나이에는, 마냥 떠들썩하고 유쾌한 술판도 돌아보면 덧없음을 깨닫게 된다. **그래서 50대는 제대로 술을 즐길 수 있는 복 받은 연령이 아닐까 한다.** 젊은 시절에는 그저 분위기에 취해 벌컥벌컥 들이킬 뿐이었지만 이 나이가 되자 비로소 술의 향기, 느낌, 맛을 오감으로 즐기는 경지에 이르게 되었다.

강연 때문에 전국 각지를 돌아다니는 나에게 큰 즐거움 중 하나는 그 지역의 맛있는 전통주를 그 지역 특산물로 만든 안주와 함께 즐기는 것이다. 물론 몸이 건강해야 술도 즐길 수 있음을 뼈저리게 깨닫고 있다. 50세가 넘으면 토할 때까지 마시는 습관, 과음하는 습관과는 기본적으로 이별을 고해야 한다. 친구들과 술집을 순례

하며 2차, 3차까지 마시는 것도 즐겁기는 하지만, 만취할 때까지 마시고 나면 회복하는 데 어려움을 겪는 것이 50대의 특징이다.

인생의 마지막 날까지 반주를 즐길 수 있도록, 기분 좋게 취하는 요령을 익히자.

웃음 근육이
퇴화하기 전에

뻗어가는 50	시들어가는 50
나를 웃길 방법을 생각한다	**남들 표정에 신경 쓴다**

어린 시절 나는 웃음이 헤펐다. 게다가 일단 웃음이 터지면 도저히 멈추지를 못했다.

한번은 이런 일이 있었다. 점심시간에 친구와 마주 앉아서 급식을 먹다 실없는 소리를 했는데, 그게 친구의 웃음보를 건드린 모양이었다. 친구는 마시던 우유를 입에 가득 머금고는 필사적으로 웃음을 참으려 했다. 고개를 숙이고 킄킄거리던 친구가 간신히 얼굴을 들었는데, 세상에 콧구멍에서 우유가 주르륵 흘러내리는 것이 아닌가. 그 광경에 웃음이 제대로 터진 나는 눈물까지 흘리면서 한참을 미친 듯이 웃었다. 말 그대로 '웃다가 죽을 뻔한' 경험이었다.

하지만 이제는 그것도 그리운 추억이 되었다. 어른이 된 뒤로는 어릴 때처럼 배꼽을 잡고 웃을 일이 크게 줄어들었다. 회사에서 아침부터 밤까지 정신없이 일하느라 하루 내내 한 번도 웃지 않은 적도 있다. 이래서는 얼굴의 표정을 만드는 다양한 근육들이 노화하고 퇴화될 수밖에 없다. 기분도 당연히 우울해질 것이다.

그렇게 되지 않으려면 자발적으로 웃음을 찾아다니는 노력이 필요하다. 내 경우 'S여사'라 부르는 동료가 바로 '웃음 벨'이다. 오랫동안 함께 일한 동료인데 유머 감각이 뛰어나서 이야기의 곳곳에 웃음의 씨앗을 뿌려놓는다.

"나는 지금까지 한 번도 예뻐졌다는 말을 들어본 적이

없어. 원래 예쁘거든."

이런 말을 천연덕스럽게 할 때면 나도 모르게 웃음이 터져나온다. 이 동료와 시간 가는 줄 모르고 내내 정신 없이 웃으며 대화를 나누고 나면, 내 자리로 돌아온 뒤에도 기분 좋게 일에 매진할 수 있다. **역시 활력은 웃음 속에 깃드는 법이다.**

많은 사람들이 남의 표정에 신경을 쓴다. 저 사람 기분이 좋은지, 혹시 언짢은 건 아닌지, 내 이야기에 상대방이 어떻게 반응하는지를 눈여겨본다. **이제는 남들만큼 내 표정에도 신경을 써주자. 오늘 하루 내가 얼마나 웃었는지 살피고 나를 웃게 만들 방법을 찾아보자.**

자연과
단순히 만나라

뻗어가는 50	시들어가는 50
자연의 치유력을 이용한다	나이 핑계를 대며 자연 속에 섞이지 않는다

예전에 자금줄이 말라서 고심하던 때가 있었다. 잠도 못 이루며 괴로워하다가 어느 일요일 아침 불쑥 혼자서 등산을 갔다. 충동적으로 산에 오르기는 했는데 처음에는 몸이 잘 따라주지 않아 짜증이 솟았다. '대체 내가 왜 이 짓을 하고 있는 거지?'라는 후회와 함께 돌아갈까 생

각도 했지만 이왕 나선 김에 조금만 더 가보자고 마음을 추슬렀다.

얼마 후 몸이 골고루 땀에 젖으면서 어떤 궤도에 올랐다는 느낌이 들었다. 광대한 자연에 둘러싸인 채 온몸을 움직이는 것이 쾌감으로 느껴지기 시작했다. 일상의 괴로운 생각들을 떨쳐내기라도 하듯이 무작정 걷고 또 걸었다. 문득 시계를 보니 무려 일곱 시간 동안이나 산을 오르고 있었다. 천천히 하산해서 근처 온천에 들렀다가 생맥주를 마시고 귀가할 무렵에는 떠날 때와 달리 마음이 평온해졌다. 해결된 문제는 하나도 없지만 '뭐, 어떻게든 되겠지'라는 마음가짐으로 바뀌어 있었다.

얼마 전 장마가 끝난 여름에는 바닷가에서 비슷한 경험을 했다. 한참 전부터 '꼭 가야지.' 하고 생각했던 맑고 푸른 바다를 보고는 아무 생각 없이 뛰어들었다. 바다가 지닌 치유력이 그간 쌓인 마음의 응어리들을 순식간에 날려버리는 것을 느끼며 감동했던 기억이 난다.

사람은 누구나 괴로운 일을 겪고 갈등하며, 그러다 어느 순간 고민에서 훌쩍 벗어나 '인생이란 원래 그런 것'

임을 깨닫길 반복한다. 그것이 곧 나이 듦의 과정이자 의미이기도 하다. 내 경험으로는, 산을 오르거나 바다에 뛰어드는 등 자연에 둘러싸일 때 그 순환 과정이 한층 활발해진다. 인간도 어차피 동물 아니겠는가.

아무 날 문득 산을 오르고, 바다에 뛰어들어 보자. 자연과의 그런 단순한 만남이 50대에는 무엇보다 큰 위로와 격려를 준다.

제7장.

50은 인생 후반전
근육을 만드는 최적기

CHANGE
MY LIFE

'그만둘 수 없는 무언가'가
있다는 것

뻗어가는 50	시들어가는 50
일을 아군으로 삼는다	일을 인생에 끼어 든 고통으로 여긴다

많은 사람들에게 일이란, 먹고살기 위해 어쩔 수 없이 해야 하는 힘든 노동일 것이다. 쉬고 싶을 때 마음껏 쉴 수도 없고, 어쩔 수 없는 인간관계 속에서 고통 받기도 하며, 한편으로는 성과에 대한 끝없는 압력에 시달린다.

그런데 어찌 생각해보면 일이란 '일상의 활동 전부'라고 할 수 있다. 학생에게는 공부가, 아이에게는 노는 것이 일종의 일이다. 사회인에게 일이라는 것도 그 연장선에 있는 것이다. 꼭 돈을 버는 것만이 '일'이라는 개념에서 벗어나기를 바란다. '일'과 '인생'은 따로 분리할 수 없는 것이라고 생각할 때 우리는 더 자유로워질 수 있다.

일을 인생에 끼어든 '고통'이라 여기면 마치 오셀로 게임처럼 흰색 말들이 하나하나 뒤집혀 검은색이 되고 만다. 일로 인해 스트레스를 받을 때마다 인생 전체가 검은색으로 물들어서는 안 된다.

살아가는 한 '일'이란 어떻게든 잘 추슬러서 붙들고 가야 할 인생의 한 부분이다. 검게 변한 말은 도려낼 것이 아니라, 다시 뒤집어서 쓸 만한 아군으로 만들어야 한다.

지금 하고 있는 일을 시작한 지도 어느덧 30여 년이 흘렀다. 회사를 경영하다 보면 큰 위기가 주기적으로 찾아온다. 솔직히 말하자면 그럴 때마다 "이제 다 때려치울까?"라는 마음이 불쑥 들기도 한다. 하지만 절대 그렇게 하지 못하리라는 것을 스스로 잘 안다. 경영자가 사업으로 고민하는 것이야말로 본질적인 행복이라 생각하기 때문이다.

설령 수십 억짜리 복권에 당첨된다 해도 지금 하는 일을 그만두지는 않을 것이다. **그만둘 수 없는 무언가가 있다는 것은 멋진 일이다.**

일을 인생의 활동 그 자체라고 한다면, 50대부터는 내가 정말 원하고 즐기는 것을 일로 삼을 때라고 생각한다. 처음에는 그 일로 돈을 벌지 못할지도 모른다. 하지만 능숙해질수록 사회적 가치가 생겨나기 마련이다. 기회는 찾아오게 되어 있으며, 그때를 기다릴 수 있는 힘과 열의가 있느냐가 50대의 가장 큰 과제가 된다.

경영자 입장에서 한 가지 귀띔을 하자면 어떤 일이든 사람이 중심이 된다는 것이다. 혼자 하는 일이든, 동료들과 함께 하는 일이든 마찬가지다. 물건 또는 서비스를 생산하는 일도, 운반하는 일도, 무언가를 사거나 평가하는 일도 모두 사람이 주체가 된다.

그렇기에 어떤 일을 하든 진심으로 사람을 소중하게 여겨야 한다.

세상에 만만한 일은 없겠지만 내 인생을 스스로 만들어내겠다는 각오가 있다면, 더불어 사람을 진심으로 대하는 마인드가 굳건하다면 50대에도 일은 얼마든 '흰 말'이 될 수 있다.

과거의 영광에서
내려오는 연습

뻗어가는 50	시들어가는 50
최대한 시야를 넓혀 기회를 찾는다	**지난 시절의 강점에 집착한다**

일손이 부족하다는 이야기가 곳곳에서 들리지만, 50대 이상을 대상으로 하는 구인 공고를 살펴보면 선택의 폭은 크지 않다.

홀에서 청소를 하거나 접시를 닦는 등의 주방일, 야간 업무를 포함하는 경비나 운전 업무 등이 대표적인 직종이다. 단순하면서도 하나같이 체력과 에너지가 필요한 일들이다.

　나는 개인적으로 일자리를 소개해달라는 요청을 종종 받는다. 그럴 때마다 어떻게든 도움이 되고 싶은 마음에 최선을 다해보지만, 부탁을 해오는 사람들의 기대치를 충족시키기란 쉽지 않다.

　50대 이상의 많은 사람들이 '나는 이런 직급에 있었고, 이런 기획에 관여했습니다'라며 경력을 잔뜩 나열하거나 자기 홍보를 하곤 한다. 그러나 솔직히 말하자면, 이들이 자신의 '강점'이라고 오래도록 생각해온 기술을 무기로, 기존 일터보다 더 좋은 곳에 취직할 가능성은 크지 않다.

　대기업의 경리부장이었던 분이 나를 찾아와, 중소기업이라도 좋으니 재무부 책임자로 들어갈 만한 곳이 없겠느냐며 상담을 한 적이 있다. 회계사나 세무사 자격이 있다면 이야기가 달라지지만, 단순히 '경리 업무에 해박한 50대'를 찾는 곳은 거의 없다.

50대에는, 지금껏 나의 강점이었던 것이 더 이상은 강점이 될 수 없음을 받아들여야 한다. 지금까지 계속해 왔던 일자리의 연장선을 고집한다면 아마도 길이 쉽게 열리지 않을 것이다.

대신에 시야를 최대한 넓혀서 새로운 길과 기회를 찾아보자. 내가 그동안 잘했던 일에 매달릴 것이 아니라, 앞서 설명한 것처럼 내가 하고 싶은 일, 즐거운 일에 새롭게 초점을 맞춰보자.

백수만이 할 수 있는
아주 중요한 일

뻗어가는 50	시들어가는 50
인생의 휴지기를 절호의 기회로 삼는다	**일이 생길 때까지 아무것도 하지 않는다**

　나는 스물여섯의 나이에 창업을 했다. 성공을 꿈꾸며
열심히 노력했지만 생각처럼 일이 풀리지 않았다. 조바
심을 느끼던 차에, 가업인 기계장치 제조 일을 돕게 되
었다. 당시 사장이었던 아버지가 은퇴하는 바람에 나도
승계자 후보 중 한 명이 된 것이다.

문제는 말이 승계자 후보지, 뚜렷한 업무가 없다는 것이었다. 가족 간의 주도권 싸움 속에서 그저 직함만 받았을 뿐이다. 회의도 내가 모르는 사이에 끝나버리기 일쑤였으며, 맡은 팀도 없이 그저 회사에 출근했다가 별다른 일 없이 퇴근하기를 반복했다.

일찌감치 공장에 출근해서 아침 체조를 하고, 공장 내부 청소를 돕고, 자료를 읽는 반복적인 일상에 허무함이 밀려왔다. 목표도 역할도 없이 출퇴근만 하다가 집에 오는 차 안에서 노래를 들으며 혼자 울기도 했다. '나는 지금 대체 뭘 하고 있는 걸까.' 하는 자괴감 때문이었다.

그러다가 이 상황은 내 힘으로 어떻게 할 수 있는 것이 아니라는 생각이 들었다. 하지만 주어진 시간을 어떻게 쓰느냐는 내가 결정할 수 있는 문제였다.

먼저 나를 괴롭히던 아토피 체질을 개선하는 데 시간을 투자해야겠다고 마음먹었다. 휴일을 이용해 동양의학 명의를 찾아갔고, 그 인연으로 전국의 효과가 좋다는 온천들을 순례하기 시작했다. 덕분에 건강에 대한 의식도 상당히 높아졌다.

미래에 대한 고민을 해결하기 위해서도 시간을 활용했다. 많은 책을 읽고 다양한 세미나에 참석했다. 데일 카네기[Dale Carnegie], 나폴레온 힐[Napoleon Hill], 선(禪)의 가르침, 중국을 비롯한 동양 고전, 명상 수련원, 그밖에 교육과 경제와 관련된 온갖 포럼을 섭렵했다.

생각해보면 그 시간 덕분에 지금의 내가 될 수 있었다고 해도 과언이 아니다. 평생에 한 번, 마땅히 할 일이 없던 그때야말로 하늘이 준 자유 시간이었던 셈이다. 당시에는 괴롭고 비참한 심정이었지만 지금은 고맙기까지 하다. 그때 공부했던 것들이 현재 하고 있는 강연과 연수, 교육 사업의 중요한 콘텐츠가 되었으니 세상일은 정말 알 수 없는 노릇이다.

50대의 나이에는 은퇴나 휴직 등으로 인생에 휴지기를 맞이하는 경우가 흔하다. 이때 낙담하거나 초조해하지 말고, 일이 없을 때만 할 수 있는 것들에 시간을 투자해보자.

그 시간이 인생의 후반전을 살아가는 데 소중한 자양분이 될 수 있음을 기억하라.

"보이지 않는 보수가
입금되었습니다"

뻗어가는 50	시들어가는 50
'눈에 보이지 않는 보수'를 벌어들인다	입금된 액수만을 따진다

세상에는 많을수록 좋은 것이 몇 가지 있는데, 그중 하나가 보수다. 만족스러운 금액이 입금된 통장을 바라볼 때의 즐거움은 그 무엇과도 비할 바가 아니다.

50대가 되면 사람마다 수입에 큰 격차가 생긴다. 사회 초년생 시절에는 동기들 사이에 격차가 크지 않지만

50대 정도가 되면 버는 돈의 자릿수 자체가 달라진다. 사업에 성공한 사람과 정체된 사람 사이에는 두 자릿수 차이가 나는 일도 흔하다.

그러나 50대부터는 숫자로 환산되는 일의 가치 말고도, '눈에 보이지 않는 보수'에 주목할 필요가 있다.

눈에 보이지 않는 보수란 무엇일까? 무엇보다 '일 자체'가 하나의 보수다. 그 일과 만난 기쁨, 그리고 그 일을 통해 성장한 나 자신에게 초점을 맞춰보자. 한 사람이 일을 통해 단련되고 인간적으로 성장하는 것은 그야말로 큰 보수다.

실제로 큰돈을 벌지만 인간적 성장을 얻을 수 없는 일들도 있다. 그런 일에 오래 종사한 이들은 돈 씀씀이는 클지라도 인간적인 매력이 느껴지지 않는다. 가장 중요한 보수를 얻지 못한 채 나이만 먹은 탓이다.

50이 넘은 나이라면 '눈에 보이지 않는 보수'가 그 사람의 분위기와 인간적 매력을 크게 좌우한다.

요즘은 정년 이후에 경험과 지식을 살려서 창업하는 '시니어 창업률'이 높아지는 추세다. 시장의 틈바구니를

열고 치열하게 뛰어드는 것이 아니라, 좀 더 느긋하고 여유로운 리듬으로 본인만의 사업을 한다. 이런 시니어 사업가들을 직접 만나보면 이들이 추구하는 것이 바로 '눈에 보이지 않는 보수'임을 알게 된다. 물론 보이지 않는 보수를 추구한 끝에 실제로 눈에 보이는 돈과 평가를 후하게 얻는 경우도 흔하다.

50대의 사업가나 직장인이라면 자신을 정말로 만족시키는 보수가 무엇인지 새삼 고민해보아야 할 일이다.

소문난 튀김집의
영업 비밀

뻗어가는 50	시들어가는 50
'납품업자 정신'으로 일한다	떨어지는 기량을 나이 탓으로 돌린다

50세를 넘긴 지금, 나는 '납품업자' 정신을 명심하면서 살고 있다.

납품업자가 오랫동안 살아남는 방법은 무엇일까?

이 회사는, 이 가게는, 이 사람은 언제든 믿고 부탁할 수 있다는 인식을 심어주는 것이다.

내가 좋아하는 단골 튀김집이 하나 있다. 튀김을 담당하는 몇몇 직원들 중에서도 '안도'라는 사람의 솜씨가 특히 일품이다. 이 직원이 만든 새우튀김이나 오징어튀김을 먹는 순간 그 절묘한 식감에 나도 모르게 감탄사가 터져 나온다. 이 집 튀김은 꽤 비싼 편이어서, 튀김을 먹으러 갈 때면 늘 안도 씨를 지명해서 예약한 다음 찾아가게 된다.

얼마 전 친구와 대화를 나누다가 우연히 알게 된 사실인데, 이 친구 역시 그 튀김집 직원 안도의 팬이자 단골손님이라고 한다. 아마 나와 내 친구 말고도 수많은 안도 씨의 팬이 있을 것이다.

고객들로부터 '이 사람에게만 맡긴다'라는 평가를 들을 정도의 능력과 관계를 구축하는 것이 바로 납품업자 정신의 핵심이다.

팬이 전도사를 자처하게 되면 그 회사는, 그 가게는, 그 사람은 전설이 된다.

인생의 후반기에 접어들면 젊은 시절처럼 많은 양의 일을 척척 소화해내기는 어려워진다. 이때 선택할 수 있는 길은, 고객에게 기쁨을 주기 위해 경험과 기량을 살려서 하나하나 정성을 다하는 것뿐이다.

비단 장사에만 해당하는 이야기가 아니다. 기업의 조직에 속한 경우라도 '이 일이라면 그 사람에게 부탁하자', '그 사람에게 물어보면 답을 알고 있을 것이다'라는 인식이 박힌 존재가 되어야 한다.

속한 곳에서 보물 같은 존재가 될 것인지, 있든 없든 상관없는 존재가 될 것인지, 존재 자체로 짐이 될 것인지가 이제부터는 점점 더 분명해질 것이다. 젊은 시절에 비해 기량이 서서히 떨어지는 것은 어쩔 수 없는 일이다. 그럴수록 자신이 어떤 분야의 납품업자가 될 수 있을지를 파악하고 그 길을 갈고 닦는다면 50 이후에 충분히 신뢰받는 납품업자가 될 수 있다.

늘 긴장하게 만드는 리더는
조직을 키울 수 없다

뻗어가는 50	시들어가는 50
사람들의 장점을 하나로 모으는 역할을 한다	엄격한 슈퍼맨 리더가 되고자 한다

50대는 '각고면려(刻苦勉勵, 고생을 무릅쓰고 힘써 노력한다는 뜻의 사자성어-옮긴이)'의 정신을 미덕으로 배운 세대다. 늘 긴장을 풀지 않고 고난을 극복하기 위해 노력해야만 살아남을 수 있다는 신념이 밑바탕에 깔려 있다.

그 때문인지, 50대의 상당수가 자녀나 부하 직원에게 엄격해야 한다고 생각하곤 한다. 애정 어린 엄격함이 필요할 때도 있지만, 상대에게 언제나 무섭고 엄한 모습을 보여야 한다는 것은 잘못된 생각이다.

만약 회사의 관리자가 권력을 휘둘러서 공포심을 불어넣는 매니지먼트로 일관한다면 진정한 성과나 성장은 얻지 못할 것이다.

또 한 가지 중요한 것은 '뛰어난 리더는 만능이어야 한다'는 압박감을 버리는 일이다. 관리직이나 팀의 리더라고 해서 무엇이든 다 알고, 무슨 일이든 할 줄 알아야 한다고 믿는다면 미련한 생각이다. 부하 직원이나 팀원들이 더 효율적인 방법이나 정보를 알 수 있음을 인정하면 마음의 부담을 덜 수 있다. 만약 쓸데없는 고집을 부리며 문제를 뒤로 미루기만 한다면 나중에 재앙을 초래할지도 모른다.

사실 50대 이후 리더십의 비결은 바로 여기에 있다. 조직이나 팀원이 진정한 실력을 발휘하게끔 하려면 어떻게 뒷받침하는 것이 좋은지 고민하는 편이 일일이 직접 나서는 것보다 훨씬 더 효율적이다. 그들의 장점을 찾아서 하나로 모으는 것이야말로 리더의 중요한 역할이다.

으스대지 않고, 위압감을 주지 않는 겸손한 자세로 사람들에게 배우려 할 때 아이디어와 지혜를 활발히 공유하는 조직 문화가 만들어진다. 엄격한 만능 리더보다, 모두를 아우를 수 있는 따뜻한 리더가 오래도록 조직을 이끌 수 있음을 기억하라.

50, 아직 더 욕심내도
좋을 나이

뻗어가는 50	시들어가는 50
중요한 순간에 주저 없이 나선다	은둔자의 길로 접어든다

50대는 '조금 더'라는 마음을 아직 잠재워서는 안 되
는 나이다.

조금 더 사람들 앞에 나서자.
조금 더 열심히 놀자.

조금 더 진심으로 사랑하자.
조금 더 열정적으로 일하자.

긍정적이고 의욕적인 마음을 잃는 순간 50대는 쉽게 은둔자 같은 유형이 되고 만다. 아직도 생기 있는 정신과 육체를 활용해서 성과를 올리는 일에 적극적으로 뛰어들어보자.

지금이야말로 꽃을 피우고 열매를 맺을 시기다.

연수를 할 때 내가 강조하는 이야기가 있다. 사람은 다음의 여섯 가지 상황에서 내적 동기가 부여되므로, 이런 상황을 만들어내기 위해 노력해야 한다는 것이다.

① 누군가에게서 감사를 받을 때
② 성장을 실감할 때
③ 타인과 유대를 느낄 때
④ 목표를 달성할 때
⑤ 인정받을 때
⑥ 지금의 내가 합격점이라고 스스로 느낄 때

50대는 '조금 더' 욕심을 내도 좋다.
중요한 순간에 팔을 걷어붙이고 나서보자.

조금 더, 조금 더.
뻗어가는 50을 위해 나는 어떤 욕심을 부릴 것인가.

옮긴이 김정환

건국대학교 토목공학과를 졸업하고 일본외국어전문학교 일한통번역과를 수료했다. 21세기가 시작
되던 해에 우연히 서점에서 발견한 책 한 권에 흥미를 느끼고 번역의 세계를 발을 들여, 현재 번역
에이전시 엔터스코리아 출판기획 및 일본어 전문 번역가로 활동하고 있다.
경력이 쌓일수록 번역의 오묘함과 어려움을 느끼면서 항상 다음 책에서는 더 나은 번역, 자신에게
부끄럽지 않은 번역을 할 수 있도록 노력 중이다. 공대 출신의 번역가로서 공대의 특징인 논리성을
살리면서 번역에 필요한 문과의 감성을 접목하는 것이 목표다. 야구를 좋아해 한때 imbcsports.
com에서 일본 야구 칼럼을 연재하기도 했다.
번역 도서로는《일을 잘 맡긴다는 것》,《사장을 위한 회계》,《사장을 위한 MBA 필독서 50》《이익을
내는 사장들의 12가지 특징》외 다수가 있다

50부터 뻗어가는 사람 시들어가는 사람

초판 1쇄 발행 2021년 9월 24일
초판 4쇄 발행 2022년 9월 14일

지은이 마쓰오 가즈야
펴낸이 정덕식, 김재현
펴낸곳 (주)센시오

출판등록 2009년 10월 14일 제300 – 2009 – 126호
주소 서울특별시 마포구 성암로 189, 1711호
전화 02 – 734 – 0981
팩스 02 – 333 – 0081
전자우편 sensio@sensiobook.com

디자인 섬세한 곰

ISBN 979 – 11 – 6657 – 039 – 1   03190

소중한 원고를 기다립니다. sensio@sensiobook.com